Exerçons-nous

Grammaire

Cours de Civilisation française de la Sorbonne

350 exercices

Niveau supérieur II

C.-M. BEAUJEU, A. CARLIER, R. MIMRAN,
M. TORRES, J. VRILLAUD-MEUNIER

HACHETTE
Français langue étrangère
43, quai de Grenelle, 75905 Paris Cedex 15.

Dans la même collection

Collection
Exerçons-nous

Titres parus ou à paraître

Pour chaque ouvrage, des corrigés sont également disponibles.

- *350 exercices de grammaire*
  - *niveau débutant*
  - *niveau moyen*
  - *niveau supérieur I*
  - *niveau supérieur II*
- *350 exercices de vocabulaire*
  - *Vocabulaire illustré niveau débutant*
  - *Exercices, textes et glossaires, niveau avancé*
- *350 exercices de phonétique* avec six cassettes
- *350 exercices de révisions*
  - *niveau 1*
  - *niveau 2*
  - *niveau 3*

Pour découvrir nos nouveautés,
consulter notre catalogue en ligne,
contacter nos diffuseurs, ou nous écrire,
rendez-vous sur Internet :
www.hachettefle.fr

Maquette de couverture : Version Originale

ISBN : 978-2-01-016291-6
ISSN : 114 2 – 768 X

Préface

Paul Claudel, dans sa grande pièce de théâtre *Le Soulier de satin*, se moque de la grammaire. Il a tort. Non seulement la connaissance de la grammaire est indispensable, mais encore c'est un plaisir que de l'apprendre. Et surtout c'est une joie que de se mouvoir avec aisance dans une langue étrangère qu'on a patiemment et passionnément apprise.

Ces réflexions simples me sont venues à la lecture de ce recueil d'exercices proposé aux étudiants de niveau supérieur par un groupe de professeurs des Cours de Civilisation française de la Sorbonne. Ces professeurs, je les connais bien, et je les apprécie à leur juste valeur. Ce sont d'éminents pédagogues, des praticiens chevronnés. Mais je dirai aussi que ce sont des amoureux de la langue française. Et cet amour, ils veulent dans ce livre le communiquer.

Ce livre ne s'adresse pas à n'importe qui. Il est destiné à des étudiants de niveau avancé, qui ont déjà été bien formés. Beaucoup d'entre eux sont appelés à poursuivre des études universitaires ou à embrasser une carrière exigeant une très bonne connaissance de la langue française. Certains ont le goût de lire, certains même le goût d'écrire en français. La variété des exercices, la richesse du lexique, la qualité de la langue enseignée dans ce manuel (d'où ont été exclus tant les termes techniques que les vulgarismes de langage) doivent favoriser la créativité.

Je pense à cette très belle expression : "transmettre le flambeau". On l'employait pour désigner le geste des coureurs antiques qui se passaient le flambeau de main en main. Ceux qui connaissent les subtilités de la langue française ont aussi cette tâche. Les professeurs des Cours de Civilisation française de la Sorbonne, les auteurs de ce livre, transmettent leur savoir. Vous pourrez le transmettre à votre tour. C'est la grâce que je vous souhaite.

Pierre Brunel

Professeur à l'Université de Paris-Sorbonne

Directeur des Cours de Civilisation française de la Sorbonne

Remarques

1. Les astérisques (*) signalent les exercices les plus difficiles ou traitant de cas particuliers.

2. Les verbes donnés à l'infinitif entre parenthèses sont toujours à la forme active, même si la phrase nécessite une forme conjuguée passive.
Exemple : Cette église (construire) au XVe siècle.
—> Cette église *a été construite* au XVe siècle.

3. Lorsque le cas se présente, la contraction de l'article défini avec les prépositions *à* et *de* doit être faite par l'étudiant.
Exemple : J'ai manqué la fin de ... film.
—> J'ai manqué la fin *du* film.

Introduction

Cet ouvrage, destiné aux étudiants étrangers de niveau supérieur des Cours de Civilisation française de la Sorbonne, s'adresse également à tous ceux qui souhaitent perfectionner leurs connaissances pratiques de notre langue.
Les exercices proposés, tout en assurant une révision rapide des principaux mécanismes grammaticaux, mettent l'accent sur l'enchaînement des idées et les procédés de liaison. Pour aider l'étudiant soucieux d'acquérir la maîtrise de la phrase complexe, une place importante a été accordée à l'emploi des temps et des modes ainsi qu'aux exercices de substitution, de transformation et de rédaction. Le niveau de langue choisi est celui de la langue soutenue, écrite ou orale. Toute familiarité a délibérément été écartée.
La terminologie grammaticale se veut la plus simple possible afin de rendre le manuel accessible à tous.

Chacun des chapitres est organisé selon le schéma suivant :
— exercices de révision des notions fondamentales ;
— exercices d'approfondissement des connaissances ;
— textes d'auteurs (en majorité du XXe siècle), accompagnés d'une ou de deux questions d'ordre grammatical ou stylistique, permettant d'approfondir l'emploi des mécanismes étudiés ;
— phrases d'auteurs données en référence pour chacun des points abordés.
L'ordre adopté n'est nullement impératif. Le professeur ou l'utilisateur restera libre de son choix (les phrases d'auteurs, par exemple, qui ne sont précédées d'aucune consigne particulière, peuvent servir de support à différents exercices : analyse, imitation, enrichissement du lexique...)

Il va de soi que les questions ne peuvent être traitées de façon exhaustive. Ce manuel a pour objet d'essayer de combler les lacunes et de remédier aux maladresses les plus fréquentes qu'une longue expérience nous a permis de relever chez nos étudiants.

Les auteurs.

Sommaire

Préface **3**
Introduction **4**
Chapitre 1. L'article 7
Chapitre 2. Le pronom personnel 15
Chapitre 3. Les indéfinis 25
Chapitre 4. Les adverbes 31
Chapitre 5. La négation 35
Chapitre 6. Les prépositions 41
Chapitre 7. Le verbe : forme, temps, aspect 49
Chapitre 8. Participe, gérondif, infinitif 61
Chapitre 9. La proposition subordonnée relative 71
Chapitre 10. La proposition subordonnée complétive 79
Chapitre 11. Discours direct et discours indirect 89
Chapitre 12. L'expression du temps 95
Chapitre 13. L'expression de la cause 105
Chapitre 14. L'expression de la conséquence et du but 111
Chapitre 15. L'expression de l'opposition et de la concession 119
Chapitre 16. L'expression de l'hypothèse et de la condition 127
Chapitre 17. L'expression de la comparaison 135
Chapitre 18. L'organisation de la phrase 141
Chapitre 19. Révision I 151
Chapitre 20. Révision II 155

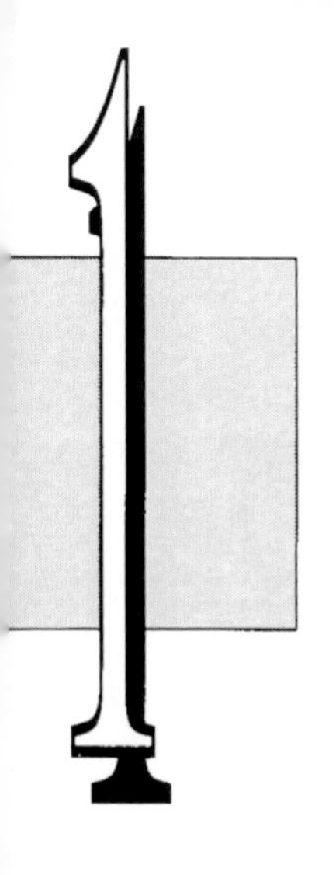

L'ARTICLE

L'article défini devant *H*.......... 1
Article ou préposition *DE*.......... 2 à 11
L'article devant *AUTRE*.......... 12
Article ou adjectif possessif.......... 13
Article ou absence d'article.......... 14-15
Locutions.......... 16
Textes à compléter.......... 17 à 19
Texte d'auteur.......... 20
Phrases d'auteurs

1. Mettre l'article défini devant les mots suivants :

Habitude — Hache — Hanche — Hantise — Hardiesse — Harpe — Hasard — Hâte — Haut — Hauteur — Hélicoptère — Héros — Héroïne — Héroïsme — Hiérarchie — Historien — Horlogerie — Huile — Humanité — Humidité.

2. Compléter les phrases suivantes et les mettre ensuite à la forme négative :

1. Je bois ...... bière.
2. J'aime ...... pain.
3. Je mange ...... pain.
4. J'apprécie ...... musique baroque.
5. J'écoute toujours ...... musique de chambre.
6. Je supporte bien ...... chaleur.
7. J'ai entendu ...... bruit.
8. J'admire ...... architecture moderne.
9. Ce pays importe ...... pétrole.
10. Ce pays exporte ...... céréales.
11. Je méprise ...... compliments.
12. Je déteste ...... orages.
13. J'ai ...... monnaie.
14. Moi, j'étudie ...... sociologie.
15. On vend ...... essence ici.
16. J'ai acheté ...... huile d'olive.
17. J'excuse parfois ...... négligence.
18. Cet homme fume ...... cigarettes blondes.
19. Cet homme fume ...... cigare.
20. On cultive ...... tabac dans cette région.

3. Compléter les phrases suivantes par l'article qui convient :

1. Il fait ...... vent.
2. Il fait ...... vent violent.
3. ...... soleil éclaire la campagne.
4. ...... beau soleil éclaire la campagne.
5. Je bois ...... thé.
6. Je bois ...... thé très parfumé.
7. Brusquement, il perçut ...... bruit.

8. Brusquement, il perçut ...... bruit de pas.
9. Les hommes ont toujours lutté pour ...... liberté.
10. Les hommes ont souvent lutté pour n'obtenir que ...... liberté relative.

4. Compléter les phrases suivantes :

A. 1. Je me sers de ...... agenda que tu m'as offert.
2. Je me sers de ...... agenda de petit format.
3. L'odeur ...... pins embaumait la forêt.
4. Une odeur ...... pins embaumait la forêt.
5. ...... rumeur ...... foule était intense.
6. On entendait au loin ...... bruit ...... foule.
7. Ce médicament contient ...... extraits ...... plantes.
8. Cette liqueur est faite avec ...... extraits ...... plante très rare.
9. J'aime sentir ...... parfum ...... roses.
10. Je n'aime guère ...... parfum entêtant ...... certaines fleurs.

B. 1. ...... extraction ...... marbre se fait à ciel ouvert.
2. Le sol du château est recouvert ...... dalles ...... marbre.
3. Le touriste cherchait un arrêt ...... autobus.
4. Le touriste cherchait ...... arrêt ...... autobus 27.
5. Cette toile médiocre était ...... tableau ...... amateur.
6. ...... amateur ...... tableaux avait rassemblé une importante collection.
7. ...... nuée ...... touristes avait envahi les abords du musée.
8. Dans la rue, le soir, on pouvait assister à ...... incessant défilé ...... piétons.
9. Dans la rue, le soir, ... défilé ...... piétons était incessant.
10. Il habitait ...... village ...... pêcheurs.

5. Même exercice :

1. ...... Anjou, ... Poitou, ... Normandie sont ...... régions très différentes.
2. ...... général de Gaulle a été ...... premier président ...... Ve République.
3. On recueillit ...... nombreuses signatures provenant ...... personnalités éminentes ...... monde ...... Lettres.
4. Dans ...... sud ...... France, ... passé simple est encore en usage dans ...... langue quotidienne.
5. ...... gigantesque incendie a ravagé ...... nuit dernière ...... immenses entrepôts de meubles.
6. ...... ultime confrontation ...... témoins pourrait avoir lieu avant ...... reconstitution ...... crime.
7. Nous avons trouvé ...... charmants dessins rehaussés de gouache dans ...... galerie d'art ...... rue de Seine.
8. ...... pauvre chien perdu erre depuis plusieurs jours ...... alentours ...... village.
9. Pendant sa maladie, on diffusait chaque jour ...... bulletin de santé ...... chef ...... État.
10. On sert généralement ...... foie gras avec ...... toasts bien chauds et ...... sauternes.

6. Même exercice :

1. Il a commandé une côtelette de porc avec ...... petits pois.
2. ...... gros pois bleus ornaient sa blouse de mousseline.
3. ...... petits garçons et ...... petites filles se poursuivaient en criant dans le jardin.
4. Ce n'étaient pas encore ...... jeunes gens mais c'étaient déjà ...... grands garçons.
5. Il n'y avait que ...... grandes personnes dans la salle de cinéma.
6. Elle servait toujours le thé avec ...... petits fours.

7. Elle est entrée chez le boulanger pour acheter ...... petits pains au chocolat et ...... gros pains de campagne.
8. Dans la vie, on rencontre rarement ...... véritables génies.
9. La jeune femme est allée acheter ...... petites cuillers en argent.
10. Dans la cuisine étaient accrochées ...... grandes cuillers en cuivre.

*7. Même exercice :

1. Je ne bois pas ...... alcool.
2. Je ne bois pas ...... vin de Bourgogne mais je bois volontiers ...... vin de Bordeaux.
3. Cet homme n'a pas ...... bon sens.
4. Cet homme n'a pas seulement ...... bon sens, il a aussi ...... courage.
5. Je n'ai pas ...... argent.
6. Je n'ai pas économisé ...... argent pour le dépenser en futilités.
7. Certains étudiants ne ressentent jamais ...... angoisse au moment des examens.
8. Personne n'a ressenti ...... angoisse aussi vive que celle que j'ai éprouvée lors de cet accident.
9. Je ne lui ai pas offert ...... jouets à Noël.
10. Je ne t'ai pas offert ...... jouets pour que tu les casses immédiatement !

*8. Expliquer la différence :

1. Un chien de berger.
   Le chien du berger.
2. Une queue de cheval.
   La queue du cheval.
3. Une table de jardin.
   La table du jardin.
4. Un sujet de conversation.
   Le sujet de la conversation.
5. Un chef d'État.
   Le chef de l'État.

9. Compléter les groupes de mots suivants :

1. ...... poisson ...... rivière.
   ...... bords ...... rivière.
2. ...... rayon ...... soleil.
   ...... chaleur ...... soleil.
3. ...... sac ...... plage.
   ...... sable ...... plage.
4. ...... commissariat ...... police.
   ...... chef ...... police.
5. ...... homme ...... loi.
   ...... respect ...... loi.

10. Compléter les phrases suivantes :

A. 1. Nous ne sommes plus ...... enfants !
2. Ce recueil est composé ...... textes divers, ... textes ...... plus divers.
3. À l'issue de ...... conversation, les deux hommes avaient ...... air détendu.

4. Cet individu se distingue par ...... absence totale ...... scrupules.
5. Mon grand-père a ...... rhumatismes, il souffre ...... rhumatismes.
6. Le jeune homme jugeait le monde avec naïveté, avec ...... naïveté ...... enfant.
7. Il s'intéressait à ...... sujets très différents.
8. Il s'intéressait à ...... sujets ...... plus différents.
9. ...... petits ruisseaux font ...... grandes rivières.
10. On ne trouve pas souvent ...... livres rares chez ...... bouquinistes.

B. 1. L'idée ...... liberté est ...... grande idée.
2. Quelle conception vous faites-vous ...... liberté ?
3. ...... guerre, ... paix : il s'agit ...... thèmes éternels.
4. C'est ...... homme pragmatique : il a horreur ...... théories, ... toutes ...... théories.
5. Dans *L'Esprit des lois*, Montesquieu compare ...... différents systèmes ...... gouvernement.
6. Il prône ...... tolérance entre ...... individus et ...... pays.
7. Selon lui, ... homme est bon, sinon il n'y aurait pas ...... vie sociale.
8. En donnant ...... importance à ...... expression ...... sensibilité, Verlaine reprend ...... idée maîtresse ...... romantisme.
9. La vie ...... poète fut constamment marquée par ...... mélancolie, par ...... grande mélancolie.
10. Si Verlaine a composé ...... mauvais vers, c'était plutôt par excès ...... audace que par pauvreté ...... moyens.

11. Même exercice :

1. Le livreur portait ...... colis très lourds.
Le livreur était chargé ...... colis très lourds.
2. Le directeur de la société recherche ...... secrétaires bilingues.
Le directeur a besoin ...... secrétaires bilingues.
3. Le professeur admirait ...... rapides progrès de son élève.
Il était émerveillé ...... rapides progrès de son élève.
4. Les allées disparaissaient sous ...... tapis de feuilles.
Les allées étaient jonchées ...... feuilles.
5. Vous rappelez-vous ...... date de la mort de Louis XVI ?
Vous souvenez-vous ...... date de la mort de Louis XVI ?
6. Faute de sécateur, elle utilisa ...... ciseaux.
Faute de sécateur, elle se servit ...... ciseaux.
7. Nos voisins nous ont annoncé ...... prochaines fiançailles de leur fille.
Nos voisins nous ont fait part ...... prochaines fiançailles de leur fille.
8. Il y avait ...... lierre sur le mur.
Le mur était tapissé ...... lierre.
9. Le malade avait ...... fièvre.
Le malade grelottait ...... fièvre.
10. J'ai acheté ...... velours pour recouvrir le fauteuil.
Le fauteuil était recouvert ...... velours bleu.

12. Compléter les phrases suivantes :

1. Je vous dirai le fin mot de l'histoire ...... autre jour.
2. ...... autre jour, j'ai croisé mon ancien propriétaire.
3. Vous trouverez une épicerie ...... autre côté de la rue.
4. Avez-vous ...... autres questions ?
5. Je ne vois rien ...... autre à vous dire.
6. Je regrette, mais je n'ai pas ...... autres éléments à vous communiquer.

7. ...... autres changements sont intervenus par la suite.
8. Je m'occupe de Nicolas. Occupez-vous ...... autres enfants.
9. Un ami m'a dit que le concert aurait bien lieu. ...... autres m'ont affirmé le contraire.
10. Ce stylo ne me plaît pas. En avez-vous ...... autres ? Je voudrais en voir ...... autre. Quel est le prix ...... autres ? ...... autres sont plus chers.

13. Compléter les phrases suivantes par un article ou un adjectif possessif :

1. Il tourne ...... tête.
2. Il tourna ...... tête ébouriffée.
3. Il bombe ...... torse.
4. Il bomba ...... torse musclé.
5. Il fronça ...... sourcils.
6. Il fronça ...... sourcils broussailleux.
7. Il perd ...... mémoire.
8. Il a perdu ...... mémoire prodigieuse.
9. Il avait mal ...... bras.
10. Il avait mal ...... bras gauche.

14. Compléter les phrases suivantes lorsque cela est nécessaire :

A.
1. Elle portait une robe sans ...... manches.
2. Il est parti sans ...... mot.
3. Il a travaillé avec ...... acharnement.
4. Avec ...... patience, vous réussirez.
5. Nous avons procédé à ...... certaines expériences.
6. J'ai changé ...... avis.
7. J'ai changé ...... piles de mon rasoir.
8. Il n'a jamais perdu ...... courage.
9. Ils sont entrés ...... manière intempestive.
10. Devant ce spectacle, je ressens un mélange ...... colère et ...... indignation.

B.
1. L'homme avait ...... cinquantaine d'années.
2. Ce sont vraiment ...... assez curieuses personnes.
3. Elle conduit sans prendre ...... risques.
4. Presque tous les musées nationaux sont fermés ...... mardi.
5. Le viticulteur vend son vin 30 F ...... bouteille.
6. Ces choux-fleurs valent 10 F ...... pièce.
7. Cette révélation provoquait en elle ...... amertume et ...... nostalgie.
8. Des tapisseries étaient suspendues ...... chaque côté ...... nef.
9. Prenez plutôt cette route : d'une part elle est plus pittoresque, ... autre part, elle est moins fréquentée.
10. D'un côté, elle aurait aimé manifester sa reconnaissance à ses voisins, ... autre, sa timidité l'en empêchait.

15. Étudier et justifier l'absence de l'article dans les phrases suivantes (expressions figées, énumération, etc.) :

1. Il n'a jamais perdu espoir.
2. Il nous avait promis monts et merveilles.
3. Ordre a été donné à l'escadre d'appareiller.
4. On se mit à parler théâtre et musique.

5. Toutes nos suggestions sont restées lettre morte.
6. Il avait tout : audace, sens des affaires, volonté de tout risquer.
7. L'évolution : un combat entre êtres supérieurs et êtres inférieurs.
8. Elles se sont parlé avec franchise, sans arrière-pensée.
9. Je n'avais pas le choix : il fallait que je fasse amende honorable.
10. A-t-on jamais entendu histoire aussi absurde ?

16. Faire des phrases avec chacune des expressions suivantes :

1. Faire part.	Faire la part de ......
2. Faire feu.	Faire du feu.
3. Faire front.	Avoir le front de ......
4. Faire face.	Perdre la face.
5. Avoir foi.	Avoir la foi.
6. Avoir raison.	Avoir une raison.
7. Prendre parti.	Prendre le parti de ......
8. Prendre congé.	Prendre un congé.
9. Prendre garde.	Monter la garde.
10. Perdre de vue.	Perdre la vue.

17. Compléter le texte suivant :

Après ...... marche exténuante, Marc arriva enfin sur ...... plage où il devait retrouver ...... bateau. ...... estivants s'attardaient encore sur ...... sable. ...... atmosphère paisible et gaie régnait sur ce lieu. ...... brise légère soufflait de ...... mer, faisant claquer joyeusement ...... toile ...... cabines. ...... petites vagues venaient lécher ...... châteaux ...... sable abandonnés par ...... enfants et s'écrasaient sur ...... bord dans ...... doux clapotement. ...... ciel faisait rouler dans son étendue mauve ...... nuages ...... contours changeants, rosis par ...... soleil couchant. Marc se laissa tomber lourdement sur ...... sable, ... sable encore chaud, parsemé ...... coquillages, ... algues séchées, ... débris de toutes sortes. De ...... regard circulaire, il embrassa ...... horizon et scruta ...... océan, essayant de découvrir ...... voile rouge et verte ...... bateau attendu.

**18. Même exercice :*

Après avoir emprunté ...... pont enjambant ...... torrent qui nous éclabousse ...... passage ...... fine poussière humide, nous prenons ...... direction ...... col. Dans ...... lointain, ... barrière ...... montagnes se dégage à peine ...... vapeurs encore toutes fraîches ...... nuit. ...... grondement sourd et continu ...... eau, grossie par ...... pluies d'orage ...... jours derniers, nous accompagne ...... certain temps. Plus nous montons, plus ...... paysage se métamorphose ; ...... chemins

forestiers succède maintenant ...... sentier abrupt et pierreux qui serpente parmi ...... éboulis. Nous croisons ...... troupeau ...... brebis en train de brouter ...... rares touffes ...... herbe sèche et jaunie, sans même lever ...... tête à notre passage.
Notre première halte est prévue dans ...... ancienne bergerie située ...... cœur ...... alpages. Là-haut, ... herbe est rase et drue comme ...... gazon. Toutes sortes ...... fleurs sauvages embaument ...... air. Nous arriverons à ...... heure où ...... minces bandes ...... brume violette commencent à se déployer en bas, dans ...... vallée. Assis devant ...... seuil, nous regarderons s'éteindre ...... derniers feux ...... jour et scintiller ...... premières étoiles.

19. *Même exercice :*

Toute sa vie, il avait rêvé de voyages. Visiter ...... monde, ... continents, longer ...... grands fleuves, séjourner dans ...... capitales et ...... villes d'art. Jamais encore, il n'avait eu ...... occasion ou ...... moyens de réaliser son rêve. Alors, il lui restait ...... imagination. Il se plaisait à déployer ...... projets qu'il savait pourtant irréalisables.
Il partirait ...... beau matin, son sac sur ...... dos. Il prendrait d'abord ...... avion pour se rendre en Asie. Il commencerait par ...... Chine, il irait ...... Tibet puis il séjournerait ...... Japon. Plus tard, par ...... Iran, il rejoindrait ...... Turquie puis ...... Grèce, et il visiterait ...... Europe.
De ses voyages, il rapporterait ...... foule d'objets fabuleux. Il achèterait ...... tapis, ... belles armes en argent, ... pierres rares, ... ivoire, ... perles, ... bois précieux. Il prendrait ...... photos, il enregistrerait ...... rumeurs, il reviendrait ...... tête emplie d'images, bourdonnante de souvenirs. Dans son esprit, flotteraient ...... réminiscences : ...... cris gutturaux ...... marchands, ... sirène ...... grand bateau sur ...... fleuve, ... appels rauques ...... oiseaux de mer qui tournoient ...... soir autour ...... mâts...... navires.

20. Texte : *Étudier les cas où le nom n'est pas précédé d'un article. Quelles conclusions grammaticales peut-on en tirer ?*

La côte est une bande de sable, crayeuse, aride, plantée de genêts rares et d'arbres nains : au premier plan, à gauche, elle s'évase en une crique encombrée de dizaines et de dizaines de barques aux coques noires dont les mâtures grêles s'enchevêtrent en un inextricable réseau de verticales et d'obliques. Derrière, comme autant de taches colorées, des vignes, des pépinières, des jaunes champs de moutarde, de noirs jardins de magnolias, de rouges carrières de pierre s'étagent au flanc de coteaux peu abrupts. Au delà, sur toute la partie droite de l'aquarelle, loin déjà à l'intérieur des terres, les ruines d'une cité antique apparaissent avec une précision surprenante : miraculeusement conservé pendant des siècles et des siècles sous les couches d'alluvions charriées par le fleuve sinueux, le dallage de marbre et de pierre taillée des rues, des demeures et des temples récemment mis au jour, dessine sur le sol même une exacte empreinte de la ville [...]

Georges Perec, *La Vie mode d'emploi*, XCIX (1978).

Phrases d'auteurs :

■ Dans un chemin montant, sablonneux, malaisé,
Et de tous les côtés au soleil exposé,
Six forts chevaux tiraient un coche.
Femmes, moine, vieillards, tout était descendu. *(La Fontaine)*

■ Le jour, je m'égarais sur de grandes bruyères terminées par des forêts. *(Chateaubriand)*

■ Terre, soleil, vallon, belle et bonne nature,
Je vous dois une larme aux bords de mon tombeau! *(Lamartine)*

■ Je haïssais les clôtures, les portes : frontières et portes m'offensaient. *(Paul Morand)*

■ Les concessions, les quartiers riches, avec leurs grilles lavées par la pluie à l'extrémité des rues, n'existaient plus que comme des menaces, des barrières, de longs murs de prison sans fenêtres. *(André Malraux)*

■ Il y avait à Montmartre, au troisième étage du 75 bis de la rue d'Orchampt, un excellent homme nommé Dutilleul qui possédait le don singulier de passer à travers les murs sans en être incommodé. *(Marcel Aymé)*

■ Elle avait de jolis yeux, des yeux de topaze brûlée, piqués de noir au centre et tout pétillants de lumière. *(Hervé Bazin)*

■ Il fait très beau. Le soleil éclaire le sable jaune d'une lumière violente, verticale. Il n'y a pas un nuage dans le ciel. Il n'y a pas, non plus, de vent. *(Alain Robbe-Grillet)*

■ De petits groupes stationnaient parfois auprès des misérables maisons de poste où nous nous arrêtions pour charger le courrier. *(Julien Gracq)*

■ Cela se passait en automne, l'automne de cette année 1929, agitée, pour moi, et pour le monde; c'était un beau jour froid, à Paris. *(Marguerite Yourcenar)*

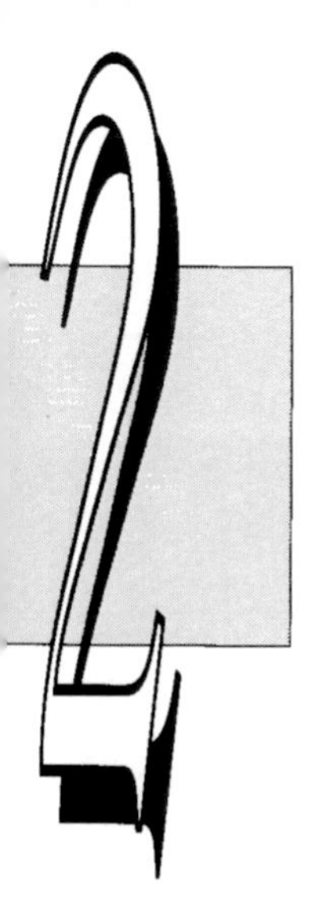

LE PRONOM PERSONNEL

Exercices de révision 1-2

Remplacement d'un groupe introduit par la préposition *A* 3-4

Remplacement d'un groupe introduit par la préposition *DE* 5-6

Place du pronom (avec deux verbes) 7

Pronom ou absence de pronom .... 8 à 10

Pronom neutre 11

Pronom avec l'impératif 12

Phrases à compléter 13-14

Remplacement du pronom par un nom 15-16

IL personnel / *IL* impersonnel 17

Exercice de vocabulaire 18

Textes d'auteurs 19-20

Phrases d'auteurs

1. Répondre aux questions suivantes en remplaçant les groupes soulignés par les pronoms qui conviennent :

A.

1. Puis-je vous emprunter ces hebdomadaires ?
2. Le libraire a-t-il retourné à l'éditeur les exemplaires invendus ?
3. L'adjoint désavoué par le conseil municipal a-t-il présenté sa démission au maire ?
4. Le régisseur a-t-il distribué les partitions aux choristes avant la répétition ?
5. Le guide vous a-t-il signalé au passage les ruines du donjon ?
6. Le gouvernement a-t-il concédé à cette société la gestion de l'autoroute?
7. Le garagiste ne vous a-t-il pas facturé le montant de la vidange ?
8. A-t-on renvoyé aux fabricants les articles défectueux ?
9. Le conférencier a-t-il conseillé cette monographie à ses auditeurs ?
10. Est-ce bien le général de Gaulle qui accorda le droit de vote aux Françaises ?

B.

1. Avez-vous versé des arrhes à l'hôtelier ?
2. Vous a-t-on fait beaucoup de recommandations avant l'examen ?
3. Désirez-vous vous débarrasser de ces vieilleries ?
4. Aimeriez-vous avoir un grand appartement ?
5. Combien le couturier a-t-il présenté de modèles à ses clientes ?
6. M'avez-vous rapporté quelques échantillons de tissu ?
7. A-t-on distribué suffisamment de vivres aux sinistrés ?
8. L'avocat a-t-il apporté aux jurés assez de preuves de l'innocence de son client ?
9. Avez-vous averti tous vos amis de votre mutation en province ?
10. Est-ce toi qui as été chargé de cette mission délicate ?

2. Répondre affirmativement aux questions en remplaçant le groupe en italique par un pronom :

1. Avez-vous enfin loué *une villa* pour les vacances ?
2. La maison surplombe-t-elle *la grève* ?
3. Possède-t-elle *plusieurs baies vitrées* ?
4. Y aurait-il *une grande terrasse* ?
5. Les pins ne cachent-ils pas *les dunes* ?
6. Distingue-t-on *les îles anglo-normandes* par temps clair ?
7. Vous a-t-on déjà remis *les clés* ?
8. Peut-on pêcher *des crevettes* ?
9. Y a-t-il *quelques boutiques* dans les environs immédiats ?
10. Ferez-vous *une croisière* ?

3. Remplacer le complément en italique par le pronom qui convient :

A.
1. L'homme d'État a échappé *à un grave péril.*
2. Le fugitif a échappé *à ses poursuivants.*
3. Le soldat a désobéi *aux ordres.*
4. Le militaire a désobéi *à ses supérieurs.*
5. Le député a fait face *à ses détracteurs* avec une très grande dignité.
6. Les exilés ont courageusement fait face *à l'adversité.*
7. Le boxeur a résisté vaillamment *à son adversaire.*
8. L'adolescente a résisté *à la pression de son entourage.*
9. Je refuse de répondre *aux insolents.*
10. Cet appareil de chauffage ne répond plus *aux normes de sécurité.*

B.
1. Je songe *aux difficultés qu'il nous faudra affronter.*
2. Je songe toujours avec envie *à ceux qui parcourent le monde.*
3. Elle s'est toujours fiée *à ses proches* dans les moments pénibles.
4. Ne vous fiez pas trop *à votre instinct.*
5. Tu t'adresseras à tout hasard *au secrétaire de mairie.*
6. Vous vous adresserez directement *au bureau des objets trouvés.*
7. Dans le doute, nous avons recouru *aux conseils d'un avocat.*
8. Pour procéder à la mise au point de l'installation, on a eu recours *à votre électricien.*
9. Jacqueline tient beaucoup *à sa tasse de porcelaine de Chine.*
10. Le chef d'entreprise tenait beaucoup *à ses collaborateurs.*

4. Répondre aux questions en remplaçant le groupe en italique par un pronom :

1. Accepteriez-vous de vous fixer *à la campagne* ?
2. Le spécialiste a-t-il prescrit une cure *à votre mère* ?
3. Ce bracelet appartenait-il vraiment *à l'Impératrice Joséphine* ?
4. Vous intéressez-vous *à ce sculpteur* ?
5. Vous intéressez-vous beaucoup *à la politique* ?
6. Croyez-vous *aux revenants* ?
7. Vous êtes-vous confié *à votre médecin* ?
8. Avez-vous veillé *à ce que votre porte soit bien verrouillée* ?
9. Pensez-vous parfois *à vos amies d'enfance* ?
10. Participerez-vous *au prochain tournoi d'échecs* ?

5. *Remplacer le complément en italique par le pronom qui convient :*

1. En mon for intérieur, je me moquais éperdument *du qu'en dira-t-on.*
2. Ne vous moquez pas *de vos semblables.*
3. On ne se méfie pas toujours assez *des charlatans.*
4. On ne se méfie pas assez *des conséquences d'une exposition prolongée au soleil.*
5. Pourquoi vous passeriez-vous *de l'aide que je vous offre* ?
6. Le vieillard ne saurait plus se passer *de sa gouvernante.*
7. Les parents du jeune prodige étaient très fiers *de leur fils.*
8. Le metteur en scène était fier *de l'accueil qu'on avait réservé à son film.*
9. Peu à peu, ses amis se détournèrent *de Rousseau.*
10. Rimbaud s'est très tôt détourné *de la poésie.*

* 6. *Répondre aux questions en employant des pronoms :*

1. Serez-vous du voyage ?
2. Êtes-vous originaire de la région parisienne ?
3. Se séparera-t-elle facilement de ses enfants ?
4. S'est-il préoccupé du renouvellement de son passeport ?
5. Ne serait-il pas digne d'être décoré ?
6. Êtes-vous sûr de votre comptable ?
7. N'avez-vous jamais rêvé de faire le tour du monde ?
8. Était-il indispensable de démolir ce kiosque ?
9. Envisagez-vous de vous porter candidat ?
10. Étais-tu obligé d'emprunter cette somme ?

7. *Remplacer le complément par le pronom qui convient :*

1. Je suis allé chercher l'infirmière.
2. J'ai envoyé chercher l'infirmière.
3. Elle a fait bouillir de l'eau.
4. Il a laissé tomber la pile d'assiettes.
5. Nous avons vu s'envoler les hirondelles.
6. Ils viennent d'acquérir un voilier.
7. Elle va se faire faire un tailleur.
8. Nous avons regardé défiler les soldats.
9. Les animaux ont senti venir la perturbation atmosphérique.
10. Nous avons entendu éclater la foudre.

*8. *Dans certains cas, il est d'usage d'omettre le pronom complément. Répondre aux questions suivantes en employant un pronom lorsque cela est possible :*

Pierre savait-il où vous étiez ?
→ *Oui, il le savait.*

Votre fils savait-il lire à six ans ?
→ *Oui, il savait lire / Oui, il savait.*

A. 1. Avez-vous oublié vos promesses ?
2. Avez-vous oublié ce dont nous étions convenus ?

3. N'avez-vous pas négligé de remplir les formulaires ?
4. Savez-vous ce que signifie le sigle U.N.E.S.C.O. ?
5. As-tu commencé la réparation ?
6. As-tu commencé à réparer le meuble ?
7. A-t-elle fini son repassage ?
8. A-t-elle fini de repasser ?
9. Savez-vous conduire ?
10. Iriez-vous volontiers à l'Opéra ce soir ?

B. 1. Avez-vous pu éliminer toutes les taches ?
2. Pourriez-vous vous charger de cette commission ?
3. Te rends-tu compte que tu as eu tort d'insister ?
4. Le médecin ne vous a-t-il pas défendu de fumer ?
5. Lui a-t-on proposé de signer un nouveau contrat ?
6. N'a-t-il pas eu raison de s'entêter ?
7. Aimez-vous faire la grasse matinée ?
8. Oserait-il mettre ses menaces à exécution ?
9. Ne regrettez-vous jamais d'avoir démissionné ?
10. Ne regrettez-vous pas votre décision ?

*9. Remplacer le complément par le pronom qui convient lorsque cela est possible :

1. Il a bien mérité de gagner.
2. Il a fait semblant de partir.
3. Il a eu envie de tout abandonner.
4. Il a pensé à déménager.
5. Il a profité de la situation.
6. Il a essayé de s'enfuir.
7. Il a eu tort de venir.
8. Il s'est joint aux manifestants.
9. Il a exigé d'entrer.
10. Il se défie de ses partenaires.

*10. Répondre affirmativement aux questions suivantes (deux réponses sont possibles pour chaque phrase) :

Envisagez-vous sérieusement de faire le tour du monde ?
→ *Oui, j'envisage de le faire.*
→ *Oui, je l'envisage sérieusement.*

1. Avez-vous songé à demander une subvention départementale ?
2. As-tu l'intention d'assister à la prochaine vente aux enchères ?
3. Veux-tu goûter à ces confitures faites à la maison ?
4. Me conseilleriez-vous de faire réparer cette pendulette ?
5. A-t-on le droit d'hospitaliser un malade contre sa volonté ?
6. Souhaiteriez-vous connaître quelques expressions argotiques ?
7. Êtes-vous bien certaine d'avoir déjà vu ce visage ?
8. Ne craignez-vous pas d'être expulsés ?
9. Seriez-vous capable d'expliquer à un étranger le fonctionnement des institutions de votre pays ?
10. Savais-tu que Jean était divorcé ?

11. Récrire chaque phrase en remplaçant le groupe de mots en italique par un pronom :

A. 1. Ils se repentent *de ce qu'ils ont fait.*
2. Je présume *que le cambrioleur a agi sans complice.*
3. Nous nous attendions *à ce que vous preniez vos distances vis-à-vis de cet individu.*
4. Elle m'a confié *qu'elle aurait aimé être danseuse.*
5. Je veillerai personnellement *à ce que vous obteniez satisfaction.*
6. Il s'est progressivement détaché *de tout ce qu'il avait adoré.*
7. Je me suis réjoui *d'avoir vu juste.*
8. Elles s'imaginent *que nous les soutiendrions en cas de besoin.*
9. Ils se vantent *de ce que leur fille n'ait jamais échoué à un examen.*
10. Ils se sont opposés *à ce que leur fils parte pour l'étranger.*

B. 1. L'acteur s'exerçait à parler *d'une voix blanche.*
2. J'ai sincèrement regretté *de vous avoir froissé.*
3. Le champion se promet *de battre un jour son propre record.*
4. Notre professeur s'évertuait *à nous enseigner l'accord des participes passés.*
5. Il a consacré sa vie *à défendre des causes perdues.*
6. Pour quelle raison vous êtes-vous abstenu *de prendre la parole* ?
7. Nous ne voudrions pas *vous accabler.*
8. On reprocha à l'ouvrier *de ne pas avoir entretenu la machine.*
9. Vous ne nous aviez pas autorisés *à citer votre nom.*
10. Il a maintenant honte *d'avoir dissimulé sa faute.*

12. Récrire les phrases suivantes à l'impératif en employant des pronoms :

A. 1. Vous me jouerez cette sonate ?
2. Vous nous informerez de la date du colloque.
3. Vous me ferez faire un double de cette clé.
4. Vous me présenterez à votre directeur.
5. Vous me présenterez votre adjoint.

B. 1. Tu ne dissuaderas pas ton frère de collaborer à notre entreprise.
2. Vous ne ferez pas attention au désordre.
3. Vous ne tiendrez pas rigueur à mes parents de leur retard.
4. Tu n'iras pas chez tes amis !
5. Tu n'auras pas peur du dentiste !

13. Compléter les phrases suivantes par les pronoms personnels qui conviennent :

A. 1. Je me dépêche, on...... attend.
2. Son amour du jeu ...... perdra.
3. Était-il honnête, elle se ...... demandait.
4. Qu'elle eût compris son point de vue, il ...... doutait.
5. Pars, je ...... consens !
6. Tu avais raison, je .... concède.
7. Avignon, je ...... viens et je ...... retournerais volontiers.
8. Oui, je ...... avoue, je ...... conviens, je m'étais trompé.
9. Sera-t-il élu ? Il ...... mériterait et ...... serait honoré.
10. Vos questions ? Je ...... pense et je ...... répondrai, je vous ...... promets.

B. 1. Mes collègues sont intègres : je ...... fais confiance et m'en remets à ....
2. Le cadeau était royal : je ...... étais conscient et je ...... suis toujours.
3. Nos arguments seront-ils décisifs ? On peut ...... espérer, mais il ne faut pas trop ...... compter.
4. On lui a confié une mission délicate, et il s' ...... est parfaitement acquitté.
5. C'est moi qui tiendrai le rôle de Chimène : on me ...... a proposé, je ...... suis fière.
6. Le président a proposé de modifier les statuts de la société; chacun ...... a souscrit.
7. Voici des prunes de mon jardin. Tu pourras ...... goûter, ... manger, ou ...... faire des confitures.
8. Il a toujours été indulgent, et il ...... sera toujours.
9. Saura-t-il se montrer convaincant ? Oui, il ...... saura, je ...... suis persuadé.
10. Ne ...... en veuillez pas : s'il ...... a demandé de ...... aider, c'est que cela ...... était vraiment nécessaire.

14. Terminer les phrases en utilisant les verbes indiqués entre parenthèses, accompagnés d'un pronom personnel (attention à la construction de la phrase) :

Il a échoué ...... (se moquer).
→ *Il a échoué mais il s'en moque.*

1. Il a des dons ...... (négliger).
2. Il a de brillants résultats ...... (se féliciter).
3. Il a rompu avec ses amis ...... (souffrir).
4. Il aime se promener dans la nature ...... (inspirer).
5. Il s'est fait de nombreux ennemis ...... (ignorer).
6. Il a peu de ressources ...... (se contenter).
7. Il a choisi une ligne de conduite ...... (se tenir).
8. Il a peu d'amis ...... (être attaché).
9. Il a décidé de suivre un entraînement intensif ...... (s'astreindre).
10. Il évitait ses voisins ...... (ne pas inspirer confiance).

15. Récrire les phrases suivantes en remplaçant les pronoms soulignés par des noms :

1. J'<u>y</u> ai vécu avec <u>elle</u>.
2. Nous <u>les</u> <u>lui</u> avons proposées.
3. <u>Les</u> <u>en</u> as-tu persuadés ?
4. Nous <u>lui</u> <u>en</u> avions emprunté une.
5. Il l'<u>y</u> contraindra.
6. <u>Lui</u> <u>en</u> as-tu fait part ?
7. Distribue-<u>les</u> <u>leur</u>.
8. Ils ne <u>la</u> <u>leur</u> ont pas confiée.
9. Tu ne <u>les</u> <u>y</u> avais pas conviées.
10. Ne <u>le</u> <u>lui</u> a-t-on jamais pardonné ?

16. Rédiger une question correspondant à chacune des réponses suivantes en remplaçant les pronoms par des noms :

A. 1. Non, je n'en joue plus jamais.
2. Oui, ils y jouent ensemble.
3. Oui, nous y pensons.
4. Non, je n'en pense pas grand bien.
5. Oui, elle pense à eux.
6. Non, ils n'ont pas réussi à s'en défaire.

7. Non, ce n'est pas nous qui l'avons rédigée.
8. Non, nous en avons un tout petit.
9. Oui, ils me les ont toutes expliquées.
10. Non, elles s'y sont installées récemment.

B. 1. Oui, je vais m'en occuper.
2. Non, merci, je n'en ai pas l'usage.
3. Non, on vient de la détruire.
4. Oui, elle a osé les en menacer.
5. Non, je ne le sais pas.
6. Non, il ne sait pas.
7. Si, je l'ai bien connue.
8. Oui, je le lui ai même reproché vivement.
9. Non, nous ne vous en voudrons pas le moins du monde.
10. Non, elles n'y ont pas assisté.

C. 1. Non, je n'en désire qu'un.
2. Oui, elles y sont retournées.
3. Si, ils l'ont défendue.
4. Non, je ne m'en sers plus guère.
5. Oui, elle s'y est réfugiée.
6. Non, ce n'est pas moi qui les ai plantés.
7. Oui, elles le feront volontiers.
8. Non, je ne l'ai pas taquinée.
9. Non, je n'y tiens pas.
10. Non, il n'aime pas du tout cela.

D. 1. Oui, nous nous en sommes aperçus immédiatement.
2. Non, il ne semble pas s'ennuyer d'elle.
3. Non, ils ne se souviennent plus de lui.
4. Oui, elles se le rappellent très bien.
5. Non, il ne s'en doutait pas.
6. Mais, je ne me moque pas d'eux !
7. Oui, j'y ai consacré une bonne partie de ma vie.
8. Non, il s'y est difficilement accoutumé.
9. Non, elle ne s'y est pas plu du tout.
10. Non, elle s'en désintéresse totalement.

17. Distinguer le pronom IL impersonnel du pronom IL personnel en remplaçant ce dernier par un nom ou un prénom :

1. Il arrive qu'il pleuve.
2. Il se peut qu'il vous sollicite.
3. Il a constaté qu'il avait vu juste.
4. Il s'est aperçu qu'il manquait trois cartes dans le jeu.
5. Il est apparu qu'il était moins compétent qu'il ne le prétendait.
6. Il s'est rendu compte qu'il s'était produit un glissement de terrain.
7. Il s'est passé ce qu'il avait prévu.
8. Il se trouve qu'il est né dans le même village que moi.
9. Il est normal qu'il ait dû s'y reprendre à deux fois pour franchir l'obstacle.
10. Il avait vu ce qu'il ne fallait pas voir, ce qu'il ne devait pas voir.

18. Composer des phrases avec les locutions verbales suivantes :

A. S'en falloir de beaucoup — en vouloir à — s'en prendre à — s'en remettre à — s'en tenir à — en venir à — en être quitte pour — s'en donner à cœur joie — ne pas s'en laisser conter — il en est ainsi de.

B. S'y prendre bien / mal — s'y connaître — s'y faire — n'y être pour rien — n'y pouvoir rien — ne rien y comprendre — ne rien y voir — il y va de — l'emporter sur — l'échapper belle.

***19. Texte :** Dans ce texte, préciser à qui ou à quoi se réfèrent les pronoms personnels de la troisième personne.*

[...] Mais le concert recommença et Swann comprit qu'il ne pourrait pas s'en aller avant la fin de ce nouveau numéro du programme. Il souffrait de rester enfermé au milieu de ces gens dont la bêtise et les ridicules le frappaient d'autant plus douloureusement qu'ignorant son amour, incapables, s'ils l'avaient connu, de s'y intéresser et de faire autre chose que d'en sourire comme d'un enfantillage ou de le déplorer comme une folie, ils le lui faisaient apparaître sous l'aspect d'un état subjectif qui n'existait que pour lui, dont rien d'extérieur ne lui affirmait la réalité; il souffrait surtout, et au point que même le son des instruments lui donnait envie de crier, de prolonger son exil dans ce lieu où Odette ne viendrait jamais, où personne, où rien ne la connaissait, d'où elle était entièrement absente.

Marcel Proust, *Du Côté de chez Swann* (1913).

***20. Texte :** Même exercice*

Écoutez-les, ces paroles ... elles en valent la peine, je vous assure ... Je vous les avais déjà signalées, j'avais déjà attiré sur elles votre attention. Mais vous n'aviez pas voulu m'entendre ... il n'est pires sourds ... Non, pas vous ? Vous vous les rappelez ? J'avoue que c'est là pour moi une vraie surprise, vraiment je ne m'y attendais pas ... Mais il faut tout de même, pardonnez-moi, que j'y revienne, je dois absolument les reprendre encore une fois.

Nathalie Sarraute, *L'Usage de la parole* (1980).

Phrases d'auteurs :

- Nous méprisons beaucoup de choses pour ne pas nous mépriser nous-mêmes. *(Vauvenargues)*

- Forcé de parcourir la route où je suis entré sans le savoir, comme j'en sortirai sans le vouloir, je l'ai jonchée d'autant de fleurs que ma gaieté me l'a permis; encore je dis ma gaieté sans savoir si elle est à moi plus que le reste, ni même quel est ce moi dont je m'occupe. [...] *(Beaumarchais)*

- Fais un paquet de mes habits, et jette-le dans le jardin aussitôt que tu le pourras. *(Stendhal)*

- Je ne le vis dans aucune des loges qui me faisaient face. J'en conclus ou qu'il avait changé de projet ou qu'il était placé juste au-dessus de moi dans cette autre partie de la salle qui m'était cachée. *(Eugène Fromentin)*

- Tous trois saluèrent cérémonieusement comme on le leur avait appris. *(Georges Duhamel)*

- Il ronflait. Je lui voyais de loin les petites moustaches aux reflets de la veilleuse. Son casque lui cachait les yeux. Le poids lui faisait crouler la tête. *(Louis-Ferdinand Céline)*

- Nous sommes des hommes libres et nous entendons le rester. *(Charles de Gaulle)*

- Vous savez tous que Josette est malheureuse, qu'elle l'est doublement, qu'elle aurait pu en mourir, mais vous vous êtes gardés d'y réfléchir seulement une minute. *(Marcel Aymé)*

- Les paroles qu'il prononçait, on pouvait les enregistrer et les retourner contre lui; aussi choisissait-il ses mots avec soin. *(Georges Simenon)*.

- L'ecclésiastique se lève, prend son porte-documents sur le filet, en ouvre la fermeture éclair, y glisse son bréviaire et se rassied. *(Michel Butor)*

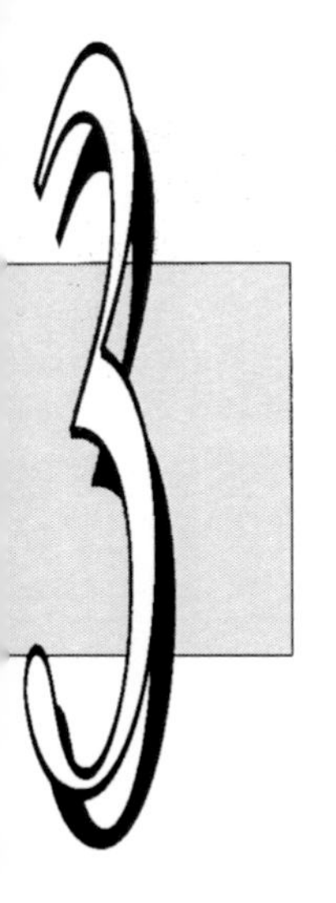

LES INDÉFINIS

TOUT .... 1 à 3

ON / NOUS .... 4 - 5

L'UN, L'AUTRE 6

Autres indéfinis .... 7 - 8

Exercice de vocabulaire 9

Maximes et proverbes 10

Texte d'auteur 11

Phrases d'auteurs

1. Compléter les phrases suivantes à l'aide du mot TOUT accordé à la forme qui convient :

A. 1. Je n'ai pas lu ...... les romans de Balzac.
2. J'ai écrit à ...... mes amies.
3. Je doute que vous puissiez faire ...... ce que vous aviez prévu.
4. Nous n'avons pu joindre ...... ceux que nous souhaitions inviter.
5. ...... enfant, j'étais fasciné par les clowns.
6. On respira, ... danger était écarté.
7. Dans les circonstances présentes, ... manifestation de joie serait déplacée.
8. L'Italie, la Grèce, l'Espagne, j'ai ...... visité.
9. J'ai trois neveux, ils sont ...... étudiants.
10. Les touristes ont traversé ...... Paris à pied.

B. 1. ...... ce qui brille n'est pas or.
2. Elle était ...... rouge de confusion.
3. La jeune femme était ...... émue de se trouver en si brillante compagnie.
4. Ils entonnèrent *la Marseillaise* ...... en chœur.
5. J'ai lu ...... Stendhal.
6. Parents, amis, voisins, voisines, ... m'ont félicité.
7. Vous me raconterez votre mésaventure ...... en marchant.
8. ...... réservation non confirmée dans les 72 heures sera annulée.
9. En l'espace de quelques mois, ses cheveux sont devenus ...... blancs.
10. Je vous recevrai en ...... simplicité.

2. Même exercice :

1. Les Jeux Olympiques ont lieu ...... les quatre ans.
2. Ils poursuivent ...... deux leurs études à la Sorbonne.
3. ...... est bien qui finit bien.
4. Mes enfants étaient ...... petits quand nous avons emménagé ici.

5. Elle était ...... honteuse de sa méprise.
6. On avait ouvert ...... grandes les fenêtres du salon.
7. ...... à son travail, elle ne nous entendit pas frapper.
8. J'ai lu les deux pages ...... entières sans trouver la moindre coquille.
9. À mon avis, ... autre décision serait inopportune.
10. Nous sommes partis dans de ...... autres conditions que vous.

3. Remplacer le mot TOUT par un mot ou une expression équivalente :

1. Un *tout* jeune garçon se présenta à la grille.
2. Pour *tout* achat de 300 francs, vous recevrez une trousse de toilette.
3. Pour *toute* lecture, il avait une vieille bible.
4. *Le tout* est de commencer : la suite sera facile.
5. *Tous* les dimanches, il assistait à la grand-messe à Notre-Dame.
6. Le palais et le parc étaient *tout* illuminés.
7. *Toute* infraction au règlement sera sanctionnée.
8. Pendant les vacances, il dévora *tout* Flaubert.
9. L'hôtel de ville était *tout* en briques.
10. Le bouquiniste m'a laissé *le tout* pour 100 francs.

4. Mettre le verbe entre parenthèses à la forme qui convient en le faisant précéder du pronom ON ou NOUS selon le cas (attention au niveau de langue) :

1. Longtemps, mes petits frères et moi, (croire) au Père Noël.
2. Je me suis écroulé sur la banquette du café tandis qu'autour de moi (crier), (s'interpeller) de table en table.
3. La soirée étant donnée en notre honneur, (se faire) un devoir d'arriver les premiers.
4. (N'aimer guère) avouer ses faiblesses.
5. Tout petit déjà je m'étais rendu compte de la mésentente de mes parents; (remarquer) tout à cet âge.
6. Nous discutions tranquillement de choses et d'autres; tout à coup (entendre) frapper violemment à la porte.
7. (Frapper) à la porte et nous n'avons pas ouvert.
8. Chaque samedi, mes amis et moi (prendre) nos maillots et (se précipiter) vers la piscine.
9. (Être prêt) à reconnaître nos torts.
10. (Se tromper) souvent dans ses jugements quand (se laisser) conduire par ses sentiments.

5. Supprimer le pronom ON, soit en le remplaçant par un nom ou un pronom équivalent, soit en modifiant la tournure donnée :

1. On n'a jamais vu refuser une offre aussi alléchante.
2. Les vacances terminées, on a décidé de se revoir au plus tôt.
3. On doit encourager la recherche médicale.
4. Écoutez ! On appelle.
5. On a inauguré la tour Eiffel en 1889.
6. On aime être apprécié selon ses mérites.
7. Alors les enfants, on se promène ?
8. On souhaiterait parfois rencontrer plus de compréhension auprès de ses proches.
9. On découvrit l'Amérique en 1492.
10. On a pénétré chez moi en mon absence.

6. *Compléter les phrases suivantes à l'aide des pronoms L'UN, L'AUTRE correctement construits.*
→ *l'un à l'autre, les uns avec les autres, etc.*

1. Mes deux oncles sont ...... passionnés de théâtre.
2. Les nombreux candidats s'encourageaient ....
3. Les civils se transmettaient ...... des nouvelles du front.
4. Les deux belles-sœurs sont bien différentes ....
5. Dès notre première entrevue, nous avons éprouvé ...... une réelle sympathie.
6. Dans leur dénuement, les deux vieillards s'apitoyaient ....
7. J'ai acheté une bague que j'offrirai à ...... de mes nièces.
8. On avait toujours peine à les arracher ....
9. Nous avons lu des romans policiers, tous plus passionnants ....
10. Les deux jeunes filles étaient tellement liées qu'on les voyait rarement ....

7. *Remplacer les mots soulignés par un mot ou une expression de même sens :*

1. Il a amassé dans sa vie une certaine fortune.
   Son succès aux élections est certain.
2. Les chances de ce candidat sont nulles.
   Nul n'est venu réclamer le portefeuille trouvé sur le boulevard.
3. Il a occupé divers postes tout au long de sa carrière.
   Au cours de ce voyage, j'ai découvert des paysages très divers.
4. Proposez à ce conférencier un sujet quelconque et il peut en disserter à l'infini.
   C'est un restaurant que nous avons trouvé très quelconque.
5. Un tel conseille : faites de la gymnastique. Tel autre affirme : seul le repos est salutaire. Qui croire ?
   La salle fit une telle ovation à l'acteur qu'il dut revenir saluer une dizaine de fois.

8. *Compléter les phrases suivantes par l'une de ces expressions : AUTRUI, AUTRE CHOSE, AUTRE PART, AILLEURS, NULLE PART, PARTOUT, QUICONQUE, N'IMPORTE QUI, N'IMPORTE QUOI, N'IMPORTE QUEL, N'IMPORTE LAQUELLE.*

1. J'ai cherché ...... l'édition originale de cet ouvrage et je ne l'ai trouvée ......
2. Son commerce périclitant, l'épicier décida de s'installer ....
3. ...... pourrait vous fournir ce renseignement.
4. ...... pourrait fournir le moindre renseignement sur cette affaire est prié de se faire connaître immédiatement.
5. La vie en société passe par le respect de ....
6. Prenez une carte, ... , disait la voyante.
7. Si nous ne trouvons rien à louer dans cette station, nous irons ....
8. Avez-vous terminé ? Prendrez-vous ...... ?
9. Ne lui faites pas confiance : elle dit ...... !
10. Il ne choisit jamais son programme : il regarde ...... film.

9. *Utiliser les expressions suivantes dans des phrases qui en précisent le sens :*

A. Tout de suite, tout de même, en tout, tout au plus, après tout, de toutes parts, somme toute, à tout hasard, tout compris, tout fait.

B. À tout jamais, à tout prendre, tout compte fait, envers et contre tout, en toutes lettres, à toutes fins utiles, à tous égards, en tout et pour tout, une fois pour toutes, en tout cas.

10. Étudier les proverbes et imaginer un contexte pour chacun d'eux :

1. Tel qui rit vendredi dimanche pleurera.
2. Chacun pour soi et Dieu pour tous.
3. On a souvent besoin d'un plus petit que soi.
4. Tout ce qui brille n'est pas or.
5. Nul n'est prophète en son pays.
6. À tout péché miséricorde.
7. Tel est pris qui croyait prendre.
8. À quelque chose malheur est bon.
9. À l'impossible nul n'est tenu.
10. À chaque jour suffit sa peine.

11. Texte :

A. Relever les différents pronoms indéfinis en indiquant à qui ou à quoi ils se réfèrent.

B. Montrer comment l'auteur utilise ces pronoms à des fins stylistiques (représentation collective ou individuelle, contraste...).

Ce fut le jour de la mi-carême, le 25 mars, à une heure du matin; tout dormait; quarante gendarmes entrent dans la ville; là, de l'auberge où ils étaient descendus d'abord, [...] ils se répandent dans les maisons [...]. L'épouvante fut bientôt partout. Chacun fuit ou se cache; quelques-uns, surpris au lit, sont arrachés des bras de leurs femmes ou de leurs enfants; mais la plupart nus, dans les rues, ou fuyant dans la campagne, tombent aux mains de ceux qui les attendaient dehors. Après une longue scène de tumulte et de cris, dix personnes demeurent arrêtées : c'était tout ce qu'on avait pu prendre. On les emmène; leurs parents, leurs enfants les auraient suivis, si l'autorité l'eût permis.

Paul-Louis Courier, *Pétition aux deux Chambres* (1816).

Phrases d'auteurs :

■ Tout mon être s'est tendu et j'ai crispé ma main sur le revolver. *(Albert Camus)*

■ Sur l'herbe courte et légèrement jaunie déjà, nous marchions tous les trois sans bruit. *(Alain-Fournier)*

■ Vieillards, hommes, femmes, enfants, tous voulaient me voir. *(Montesquieu)*

■ Un seul être vous manque et tout est dépeuplé. *(Lamartine)*

■ J'ai tout vu, tout fait, tout usé. *(Beaumarchais)*

■ Il y a dans tout homme, à toute heure, deux postulations simultanées, l'une vers Dieu, l'autre vers Satan. *(Charles Baudelaire)*

- La culture n'est rien, c'est l'homme qui est tout. *(J.M.G. Le Clézio)*

- Les hommes achètent des choses toutes faites chez les marchands. *(Antoine de Saint-Exupéry)*

- Les roses étaient toutes rouges
  Et les lierres étaient tout noirs. *(Paul Verlaine)*

- Tous les hommes se réunissent dans le désir d'être heureux. La nature nous a fait une loi de notre propre bonheur. Tout ce qui n'est point bonheur nous est étranger : lui seul a un pouvoir marqué sur notre cœur; nous y sommes tous entraînés par une pente rapide [...]. *(Encyclopédie)*

- Il ne faut pas de tout pour faire un monde. Il faut du bonheur et rien d'autre. *(Paul Éluard)*

- Nous devrons nous défendre envers et contre tous et nous méfier de chacun. *(Blaise Cendrars)*

- On ne pouvait savoir si elle pensait à quelque chose ou à rien. *(Jean Giono)*

- Il y a toujours dans ce qui plaît quelque chose de vrai. *(Paul Valéry)*

- Il écrivait pour elle des vers d'adolescent rêveur. Quelques-uns de ces poèmes me sont parvenus. J'en ai retrouvé d'autres dans la maison de Ville-d'Avray [...]. *(Pierre-Jean Rémy)*

- Chez certaines gens, un habit neuf, c'est presque un beau visage. *(Marivaux)*

- Quiconque lutte dans l'unique espoir de biens matériels, en effet, ne récolte rien qui vaille de vivre. *(Antoine de Saint-Exupéry)*

- Nulle vie et nul bruit. Tous les lions repus
  Dorment au fond de l'antre éloigné de cent lieues [...] *(Leconte de Lisle)*

- Je suis meilleur juge que personne. *(Émile Augier)*

- Maintes et maintes fois, j'en avais entendu parler. *(Jacques de Lacretelle)*

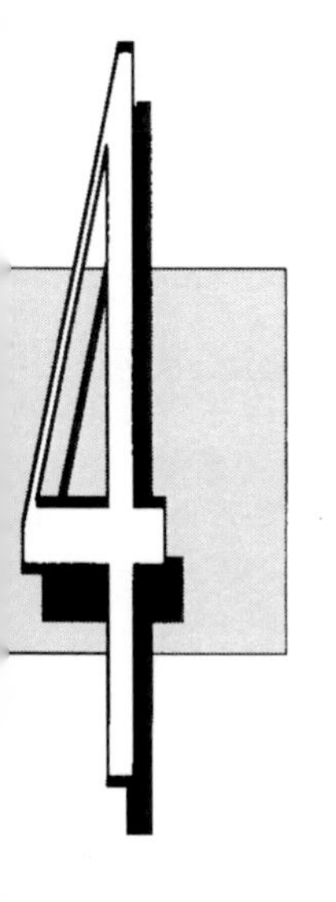

LES ADVERBES

Formation de l'adverbe .... 1 à 3
AUSSI 4
BIEN 5
JUSTE /JUSTEMENT 6
Exercice de vocabulaire 7
Texte d'auteur 8

1. Remplacer les expressions en italique par un adverbe en -MENT :

Se conduire *d'une manière normale* — créer par *un procédé artificiel* — répondre avec *un air naïf* — travailler *d'une façon assidue* — s'exprimer *d'une manière confuse* — parler *avec sagesse* — attendre *avec impatience* — se vêtir *avec élégance* — réagir *avec violence* — discourir *d'une manière savante* — remercier *avec gentillesse* — agir *avec politesse* — se regarder *avec amour* — blesser *à mort* — bavarder *avec gaieté* — répondre *de manière brève* — se comporter *avec humilité* — se présenter *en personne* — combattre *en héros* — procéder *par degrés*.

2. On peut dire, par exemple, SYSTÉMATIQUEMENT ou D'UNE FAÇON SYSTÉMATIQUE. Les deux formes sont-elles possibles pour chacun des adjectifs suivants ?

Optimiste — réaliste — bizarre — nouveau — satisfaisant — spontané — original — originel — pratique — théorique.

3. Former les adverbes correspondant à chacun des adjectifs suivants : ABSOLU, AVEUGLE, BREF, COURANT, DÉLIBÉRÉ, FORMEL, GRAVE, OSTENSIBLE, PERTINENT, VRAI. Insérer ces adverbes de façon logique dans les phrases ci-dessous :

1. Pressé par le temps, l'orateur conclut son exposé.
2. Le plombier nous a promis de venir ce soir.
3. La jeune fille a été blessée.
4. Vos conseils sont superflus : je n'en ai pas besoin.
5. Nos voisins ont choisi de nous ignorer.
6. Le journaliste a quitté la salle.
7. Je sais que vous avez triché.

8. Le jeune intrépide s'est lancé dans l'aventure.
9. Tous mes amis parlent le français.
10. Il ne faut pas fumer ici.

4. Placer correctement l'adverbe AUSSI dans les phrases suivantes. Attention au sens :

1. L'appareil est d'une fragilité extrême. Il est impératif de lire attentivement le mode d'emploi.
2. On ne nous a pas seulement dupés, on nous a escroqués.
3. Il est difficile de savoir ce qui se passe dans un pays en guerre; il faut accueillir cette nouvelle avec circonspection.
4. Les ouvrages que je cherchais avaient déjà été empruntés : c'est en pure perte que je suis allé à la bibliothèque.
5. L'architecte revendique la paternité du projet; mais d'autres urbanistes affirment en être les auteurs.
6. Ce manuel est plus dense que l'autre : il est plus difficile à lire.
7. Cette interprétation de la pièce trahit le texte. N'est-ce pas votre avis ?
8. Les travaux de restauration du musée étaient urgents. La plupart des salles sont fermées.
9. On dit grand bien de ce nouveau film : nous sommes impatients de le voir.
10. Vous avez vu ce nouveau film; nous avons l'intention de le voir.

5. Préciser les différents sens de l'adverbe BIEN dans les phrases suivantes :

1. Il y a bien huit jours que je n'ai vu Frédéric.
2. Je savais bien que j'avais raison !
3. Il s'est toujours très bien conduit avec ses camarades.
4. C'est à 20 h 15, je dis bien 20 h 15, que commence le concert.
5. J'aurais bien aimé boire un café !
6. Ne riez pas : cela pourrait bien vous arriver !
7. — Voulez-vous que nous vous prêtions main-forte ?
   — Je veux bien !
8. Nous leur avons bien des fois posé la question.
9. Cet annuaire est bien plus récent que celui-là.
10. Vous sentez-vous bien aujourd'hui ?

6. Préciser la valeur des termes JUSTE et JUSTEMENT dans les phrases suivantes :

1. Il chante juste.
2. Il est dix heures juste.
3. Il s'est arrêté juste à temps.
4. Il a vu juste.
5. Il y avait juste assez de place dans la salle.
6. Il vient juste de partir.
7. Il vient justement de partir.
8. Ton frère ? Justement, le voici !
9. C'est justement vous que je cherchais !
10. Il a très justement expliqué la situation.

7. *Introduire ces expressions dans de courtes phrases :*

A. D'emblée — en outre — a fortiori — au demeurant — sans cesse — incessamment — en fait — en effet — notamment — quasiment.

B. Voir clair — parler fort — viser juste — tourner court — tomber dru — chanter faux — s'arrêter net — marcher droit — rire jaune — lire tout haut.

8. Texte : *Relever a) les adverbes de manière,*
b) les adverbes de temps.

Montrer comment ces adverbes contribuent à créer les "mystérieuses féeries du rêve".

Quand je m'éveillai, la lune était déjà levée, mais depuis peu. Je ne la voyais pas, car j'étais allongé sous un pin, le dos tourné à l'Est, où elle venait d'apparaître. Mais devant moi sa clarté calme illuminait une petite clairière. Sans doute m'avait-elle éveillé. Cependant à peine apparue, elle enchantait déjà les profondeurs de la forêt. Elle n'était pas encore très haute, mais c'est (je l'ai constaté maintes fois), au moment singulier de son aube nocturne, quand elle pointe sur les crêtes, que son attrait trouble le plus profondément la cime des arbres, où dans les rames, dès que les atteint sa lueur, le vent, si ce n'est une âme plus tendre, élève sa plainte et la livre au silence de la nuit.
Je m'éveillai très doucement, à peine touché par ce soupir sylvestre et la première clarté de la vieille planète; si doucement que je ne repris point de contact matériel avec la vie environnante. Entre mon sommeil et les formes à peine éclairées de ce bois, j'hésitai sans doute longtemps à détacher du monde antérieur où me tenaient encore les puissances obscures, ce monde jeune et frais baigné d'une paisible lumière qui sans secousse m'avait fait simplement changer de rêves. Car je ne me souviens pas de m'être parfaitement éveillé, tant ce qui m'arriva ensuite reste encore aujourd'hui enveloppé d'étrangeté et contredit aux habitudes de ma raison. Je pris sans doute une autre position entre le sommeil et la veille, j'occupai un point de moi-même où me parvenaient à la fois et les mystérieuses féeries du rêve et la simple fraîcheur de la nuit. J'entendis un appel.

Henri Bosco, *L'Ane Culotte* (1937).

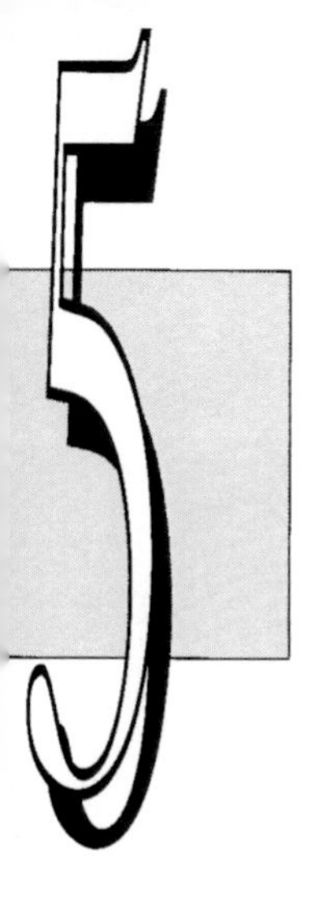

LA NÉGATION

Négation, double négation .... 1 à 7

NE négatif, *NE* explétif 8

Exercices de vocabulaire .... 9 à 10

Texte d'auteur. 11

Phrases d'auteurs

1. Répondre négativement aux questions suivantes en variant le plus possible les procédés (NE ... PAS ..., NE ... PLUS ..., NE ... AUCUN ..., etc.) :

1. Ce romancier écrit-il quelquefois des poèmes ?
2. Rédige-t-il encore des articles pour des revues littéraires ?
3. Avez-vous remarqué quelque chose d'étrange dans son dernier ouvrage ?
4. Avez-vous relevé quelque inexactitude dans son récit ?
5. Trouve-t-on encore quelque part son premier roman ?
6. N'a-t-on pas omis une ligne à la page 82 ?
7. Conseilleriez-vous cette lecture à quelqu'un ?
8. L'auteur ne manque-t-il pas d'informations ?
9. Pourrait-il fournir beaucoup de preuves de ce qu'il avance ?
10. La publication de cette œuvre a-t-elle suscité des critiques ou des éloges ?

**2. Donner à ces phrases un sens négatif :*

A.
1. Tout le monde a acquiescé.
2. Il a déjà soutenu sa thèse de doctorat.
3. Il reste encore quelques spécimens de cette variété d'oiseaux.
4. Quelqu'un a osé relever le défi.
5. Nous avons remarqué quelque chose de curieux dans leur comportement.
6. Il critique toujours tout le monde.
7. On a enfin élucidé le mystère.
8. Il a toujours peint des marines et des natures mortes.
9. Cette bague vaut bien plus de vingt mille francs.
10. Il aime les minéraux et il les collectionne.

B.
1. Il apprécie la peinture et la sculpture.
2. Je les ai quittés à regret.

3. Il nous a abandonnés avec quelque scrupule.
4. Ils ont déjà trouvé quelque chose d'extraordinaire.
5. J'ai tout intérêt à vous écouter.
6. La fin justifie quelquefois les moyens.
7. Il est respecté de tous.
8. Ils veulent toujours se mêler de tout.
9. Ils se sont enfuis en emportant quelques objets précieux.
10. Votre participation était vraiment nécessaire.

3. Construire correctement la négation dans les phrases suivantes en les complétant par NE ou NE... PAS selon le cas :

1. Nulle part nous / avions / été si bien accueillis.
2. On / a / rien sans peine.
3. / Avez-vous / peur de vous perdre ?
4. Personne, à vrai dire, / doutait / de l'issue du combat.
5. On / aurait / su dire s'il riait ou s'il pleurait.
6. / Pensez-vous / qu'il devrait suivre des cours de français ?
7. En aucun cas il / faudra / s'éloigner du sentier.
8. Il n'y a rien qu'il / puisse / faire pour ses amis.
9. Les billets vendus / seront / ni remboursés ni échangés.
10. On / ose / guère leur poser de questions.

** 4. Expliquer JAMAIS et TOUJOURS dans les phrases suivantes :*

1. Jamais on ne s'aperçut de la supercherie.
2. Avez-vous jamais éprouvé pareil sentiment ?
3. Si jamais les cours des matières premières s'effondraient, le pays serait ruiné.
4. Je l'ai trouvée plus espiègle que jamais.
5. Pourquoi leur faire tant de compliments ? Ils n'ont jamais fait que leur devoir.
6. Ils sont allés au terme de leur entreprise sans jamais se lasser.
7. Les absents ont toujours tort.
8. Nos partenaires n'ont pas toujours respecté leurs engagements.
9. Je n'ai toujours pas reçu le devis que je vous avais demandé d'établir.
10. L'assistance a écouté attentivement l'orateur sans toujours bien comprendre la portée de ses propos.

** 5. Remplacer les points par l'adverbe NE dans les phrases où il est nécessaire :*

1. Si jamais tu ...... le rencontres, transmets-lui mes amitiés.
2. Rien ...... me plaît tant que de me promener en forêt.
3. Je ...... saurais trop vous recommander de visiter le musée de Cluny.
4. Un rien ...... l'émeut.
5. Nul ...... est censé ignorer la loi.
6. De mémoire de vigneron, on ...... avait vu de récolte pareille.
7. De tels propos ...... pouvaient que faire sensation.
8. Plus aucun arbre ...... pousse sur cette terre aride.
9. Jamais on ...... avait construit de si grand barrage.
10. C'est le plus grand barrage dont on ...... ait jamais entrepris la construction.

6. *Étudier l'emploi de la négation ou de la restriction dans les phrases suivantes :*

1. Il ne savait que dire.
2. Il ne savait dire que non.
3. Il ne savait que dire ni que faire.
4. Je ne peux pas vous croire.
5. Je ne peux vous croire.
6. Je ne peux pas ne pas vous croire.
7. Ne m'attendez pas.
8. Ne m'attendez plus.
9. N'attendez rien de moi.
10. N'attendez de moi aucune faveur.

7. *Distinguer le NE négatif* *(Il **ne** peut venir)* ***et le NE explétif*** *(Il craint qu'elle **ne** vienne)* **:**

A.
1. Les pouvoirs publics ne cessent de recommander la prudence aux vacanciers.
2. J'ai bien peur que vous ne soyez déçu par ces révélations.
3. Nous nous croyons volontiers meilleurs que nous ne sommes.
4. Voilà bien trois mois que nous n'avons vu Christian.
5. N'ayez crainte, vos malheurs prendront fin !
6. Je vous assure qu'il n'est nullement responsable.
7. La cérémonie s'est achevée autrement qu'il n'était prévu.
8. Je n'osais vous avouer mon embarras.
9. Il n'écrit pas plus qu'il ne lit.
10. De ma vie je n'avais tant ri.

B.
1. Elle ne peut dormir sans somnifère.
2. Ni les menaces, ni les avertissements ne l'ont ému.
3. Acceptez son offre avant qu'il ne change d'avis.
4. Relever ce défi sera plus difficile qu'il n'y paraît.
5. Qui n'a lu *Les Lettres de mon moulin* ?
6. Des barrières ont été installées pour éviter qu'on ne piétine les massifs de fleurs.
7. Si je ne me trompe, vous avez bien vécu aux États-Unis ?
8. Il y a longtemps que nous ne nous sommes vus !
9. Il est moins obstiné qu'on ne l'aurait craint.
10. Je ne sais quoi lui répondre.

C.
1. Je crains fort que mon message ne leur parvienne trop tard.
2. Qui n'aurait éprouvé de l'indignation devant une telle indélicatesse ?
3. La température est beaucoup plus élevée qu'elle ne l'est généralement à pareille époque.
4. Ses collaborateurs ont cherché à empêcher qu'il ne quitte définitivement la société.
5. Il va de soi que je ne saurais approuver votre désinvolture.
6. La Seine atteindra sous peu la cote d'alerte, à moins que la pluie ne cesse dans les heures qui viennent.
7. Croyez bien que je n'ai d'autre souhait que de vous être utile !
8. Les élus agissent souvent autrement qu'ils ne l'avaient promis au cours de leur campagne.
9. Le jeune informaticien avait donné la preuve de son efficacité avant même qu'on ne l'engage.
10. Que n'a-t-on entendu sur cette affaire !

* *8. Récrire chaque phrase à la forme affirmative sans en changer le sens :*

1. Le verbe «surgir» n'est pas irrégulier.
2. Votre réaction est violente mais elle n'est pas incompréhensible.
3. Ton nouveau voisin ne m'est pas antipathique.
4. L'adolescente fredonnait un air qui ne m'était pas inconnu.
5. Il n'est pas impossible que cette proposition ne soit pas malhonnête.
6. On ne peut pas ne pas m'approuver.
7. Personne n'ignorait que l'eau de la fontaine n'était pas potable.
8. Il n'y a rien que je ne ferais pour vous.
9. Vous n'êtes pas sans savoir que notre parti a vu doubler le nombre de ses adhérents.
10. Je ne crois pas que vous n'ayez pas reçu ma lettre.

9. Donner le contraire des adjectifs suivants en utilisant un préfixe négatif; l'introduire dans une courte phrase :

A. Réfléchi — content — pourvu — lisible — moral — audible — adroit — salubre — partial — social.

Donner le contraire des verbes suivants en utilisant un préfixe négatif; l'introduire dans une courte phrase.

B. Approuver — accrocher — habiller — emménager — se fier — encourager — joindre — se chausser — emmêler — associer.

10. Remplacer le verbe à la forme négative par un verbe à la forme affirmative en gardant le même sens :

Il n'a pas atteint son but.
→ *Il a manqué son but.*

1. Ne saviez-vous pas que le 1er mai était un jour férié ?
2. Il n'a pas dit la vérité.
3. Je voudrais vous convaincre de ne pas partir.
4. On ne permet pas aux étudiants de fumer en classe.
5. Il ne sait pas ne pas trahir un secret.
6. Il ne soigne guère son apparence.
7. Nombreux sont ceux qui n'observent pas le règlement.
8. Le stationnement n'est pas formellement interdit dans cette contre-allée.
9. Je préfère ne pas faire de commentaires.
10. L'auteur de l'article a choisi de ne pas se nommer.

11. Texte :

A. Relever tous les éléments négatifs ou restrictifs du texte.
B. Résumer ce texte en une ou deux lignes.

Notre civilisation est une somme de connaissances et de souvenirs accumulés par les générations qui nous ont précédés. Nous ne pouvons y participer qu'en prenant contact avec la pensée de ces générations. Le seul moyen de le faire — et de devenir ainsi un homme cultivé — est la lecture. Rien ne peut la remplacer. Ni le cours parlé, ni l'image projetée n'ont le même pouvoir éducatif. L'image est précieuse pour illustrer un texte écrit : elle ne permet guère la formation des idées générales. Le film, comme le discours, s'écoule et disparaît; il est difficile, voire impossible d'y revenir pour le consulter. Le livre demeure, compagnon de toute notre vie. Montaigne disait que trois commerces lui étaient nécessaires : l'amour, l'amitié, la lecture. Ils sont presque de même nature.

André Maurois (*Le Courrier de l'UNESCO*, mai 1961).

Phrases d'auteurs :

- Ils se sont assez joués de moi. Je ne me laisserai plus faire. Je ne lâcherai pas. *(Nathalie Sarraute)*
- Je n'ose m'adresser à personne d'autre. *(Maurice Barrès)*
- «Ce que j'ai fait, je le jure, jamais aucune bête ne l'aurait fait.» *(Antoine de Saint-Exupéry)*
- Comme je n'apercevais sur terre aucune place qui me convînt, j'envisageai joyeusement de ne jamais m'arrêter nulle part. *(Simone de Beauvoir)*
- Je t'aime sans jamais t'avoir vue que dans l'ombre. *(Pierre Reverdy)*
- La nature n'a fait ni serviteurs, ni maîtres. Je ne veux ni donner, ni recevoir de lois. *(Diderot)*
- Elle n'avait jamais vu de grenades ni mangé d'ananas. *(Gustave Flaubert)*
- L'homme n'est rien qu'un jonc qui tremble au vent. *(Victor Hugo)*
- Nul ne venait... Une fois de plus, je me levai de mon fauteuil et je tendis l'oreille; aucun bruit ne parvenait des fonds de la maison, que parfois la chute tintante et claire d'une ardoise [...] *(Julien Gracq)*
- En dehors des rues à arcades et des appartements, il semblait qu'il n'était pas un point de la ville qui ne fût placé dans la réverbération la plus aveuglante. *(Albert Camus)*

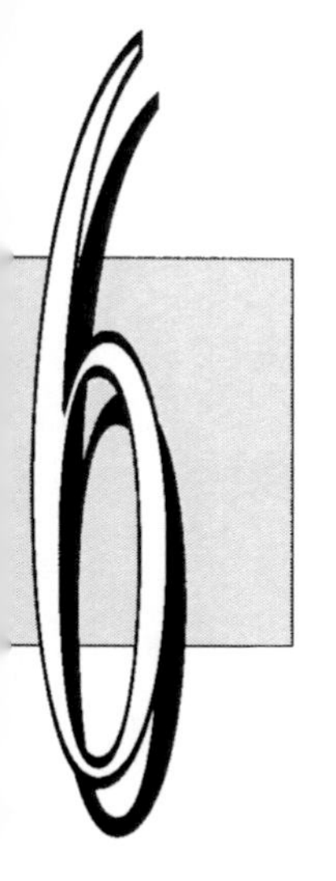

LES PRÉPOSITIONS

À ou *DE* .... 1 à 4

EN ou *DANS* 5

À, *DANS, SUR* 6

PAR, POUR .... 7 - 8

DE, DÈS, DEPUIS, À PARTIR DE 9

Prépositions diverses .... 10 à 16

Texte à compléter 17

Texte d'auteur 18

1. *Mettre la préposition qui convient (À, DE) en faisant la contraction avec l'article si nécessaire :*

A. 1. Ce jeune homme ne s'intéresse que ...... la natation.
2. Il se désintéresse ...... ses affaires.
3. On a accroché deux gravures ...... le mur.
4. Le tableau s'est décroché ...... le mur.
5. Je suis très attaché ...... ma maison natale.
6. Il se détache progressivement ...... ses anciennes habitudes.
7. On a délivré le prisonnier ...... ses menottes.
8. Il s'est livré ...... l'ennemi.
9. Défiez-vous ...... les flatteurs.
10. Ne vous fiez pas ...... les apparences.

B. 1. On lui a conseillé ...... se reposer.
2. Il a dû se conformer ...... les habitudes du pays.
3. Le jeune ingénieur a vite accédé ...... un poste important.
4. La réussite de l'expédition dépend avant tout ...... les conditions climatiques.
5. On a menacé ...... l'expulser s'il ne payait pas son loyer.
6. Un bruit violent l'arracha ...... sa rêverie.
7. Mes idées diffèrent ...... les vôtres.
8. La grève des transports succéda ...... celle des postes.
9. Le navire s'éloignait ...... le rivage.
10. On procédera ...... la restauration de la fontaine.

2. *Mettre la préposition qui convient (À, DE) :*

1. Tu manques ...... patience.
2. Elle a manqué ...... sa promesse.
3. Ne vous risquez pas ...... tricher.

4. La falaise risquait ...... s'ébouler au moindre orage.
5. On l'a forcé ...... s'acquitter de sa dette.
6. Il a été forcé ...... régler la facture.
7. Un lion s'était échappé ...... la ménagerie.
8. Il a réussi à échapper ...... ses poursuivants.
9. On lui a demandé s'il savait se servir ...... une machine à écrire.
10. Cette machine sert ...... étiqueter les bouteilles.

3. Même exercice :

1. Achetez un cahier ...... grand format.
2. L'homme portait des chaussures ...... lacets.
3. Voici une revue ...... haute tenue.
4. Le montant de la fraude est ...... dix millions de francs.
5. Je rêve d'acheter un piano ...... queue.
6. La troupe ne comprend que des artistes ...... talent.
7. Malgré leur hauteur, les colonnes sont ...... un seul tenant.
8. Il ne lisait que des journaux ...... sensation.
9. Nous avons acquis ce canapé ...... un prix défiant toute concurrence.
10. Le salon est une vaste pièce ...... 8 mètres sur 5.

4. Remplacer la barre par une préposition lorsque cela est nécessaire :

1. Promettre / un cadeau.
   Promettre / offrir un cadeau.
2. Désirer / une explication.
   Désirer / obtenir une explication.
3. S'entraîner / le saut à la perche.
   S'entraîner / sauter à la perche.
4. Tenter / un exploit.
   Tenter / renouveler un exploit
5. S'attendre / un héritage.
   S'attendre / hériter.
6. Regretter / sa maladresse.
   Regretter / avoir commis une maladresse.
7. Espérer / une augmentation de salaire.
   Espérer / être augmenté.
8. Feindre / l'indignation.
   Feindre / être indigné.
9. Refuser / une autorisation.
   Refuser / accorder une autorisation.
10. Craindre / une inondation.
    Craindre / être inondé.

5. Mettre la préposition qui convient (EN, DANS) :

1. Nous nous sommes rencontrés ...... l'avion de Londres.
2. Je me déplace souvent ...... avion.
3. Cet homme a passé trois ans ...... prison.
4. Cet homme a passé trois ans ...... la prison de la ville.
5. Le bâtiment était ...... feu.
6. J'ai jeté mes vieux papiers ...... le feu.
7. Les soldats avançaient ...... silence.
8. La manifestation s'est déroulée ...... le plus grand silence.
9. Je me suis aperçu que Jean était ...... colère.
10. Jean est entré ...... une violente colère.

6. *Mettre la préposition qui convient (À, DANS, SUR) :*

A 1. Les arbres se reflétaient ...... la surface du lac.
2. L'homme admirait sa cravate ...... la glace.
3. La voiture a dérapé ...... une plaque de verglas.
4. Les enfants aiment patauger ...... les flaques d'eau.
5. Les oiseaux font leurs nids ...... les arbres.
6. Je n'ai jamais su grimper ...... les arbres.
7. Le jeune garçon s'est très vite hissé ...... une grosse branche.
8. On a posé des persiennes ...... les fenêtres.
9. Il s'installa ...... un fauteuil.
10. Elle s'est assise ...... sa chaise.

B 1. Il est arrivé avec un grand chapeau ...... la tête.
2. Elle se plaint de douleurs ...... la tête.
3. On a disposé quelques chaises longues ...... la terrasse.
4. Nous avons pique-niqué ...... une clairière.
5. Il s'est engagé ...... un chemin creux.
6. Nous nous sommes croisés ...... le chemin de la cathédrale.
7. Nous avons déambulé ...... les ruelles de la vieille ville.
8. On a érigé une statue ...... la grand-place.
9. Un pigeon s'est perché ...... le toit.
10. On a ouvert une lucarne ...... la toiture.

7. *Mettre la préposition qui convient (PAR, POUR) :*

1. Cet individu passe ...... un original.
2. Cette famille passe ...... de rudes épreuves.
3. Le magasin est fermé ...... travaux.
4. Ils ont été surpris ...... la tempête.
5. Le repas a débuté ...... des huîtres.
6. Les voyageurs se sont embarqués ...... la Grèce.
7. Nous avons fini ...... trouver un appartement.
8. Les soldats ont combattu ...... leur pays.
9. Il l'a épousée ...... sa fortune.
10. Il l'a épousée ...... amour.

* 8. *Remplacer la préposition POUR par une expression équivalente :*

1. L'expédition polaire s'embarquera demain *pour* l'Antarctique.
2. Son étourderie l'entraîne souvent à faire une chose *pour* une autre.
3. Henri est inquiet; *pour* moi, je suis enclin à croire que tout rentrera dans l'ordre.
4. On a procédé à une collecte *pour* les victimes de l'inondation.
5. Elle n'éprouvait aucune indulgence *pour* ce personnage cynique.
6. Je m'évertue à rassembler le maximum de preuves *pour* l'expert.
7. Le médecin lui a prescrit un traitement efficace *pour* la fatigue.
8. Les camelots avaient étalé leurs marchandises *pour* exciter la convoitise des passants.
9. Il est allé consulter un avocat *pour* son divorce.
10. *Pour* ton anniversaire, nous organiserons un grand dîner de famille.

9. Mettre la préposition qui convient (DE, DÈS, DEPUIS, À PARTIR DE) :

1. ...... leur première rencontre, ils ont compris qu'ils étaient faits l'un pour l'autre.
2. De nombreuses années se sont écoulées ...... notre première rencontre.
3. ...... son arrivée à Londres, ma nièce s'est mise en quête d'un emploi.
4. ...... son arrivée à Paris, mon neveu cherche en vain un appartement à louer.
5. ...... leur parution, *Les Misérables* de Victor Hugo ont connu un succès éclatant.
6. ...... leur parution, *Les Fleurs du mal* ont été traduites dans la plupart des langues.
7. Chez le brocanteur de mon quartier, on trouve des assiettes anciennes ...... 50 francs.
8. ...... la place de la Concorde à l'Arc de Triomphe, il y a environ 3 kilomètres.
9. ...... le 23 mars, le musée sera ouvert tous les jours de 10 h à 20 h.
10. ...... Deauville, par beau temps, on distingue parfaitement la ville du Havre.

10. Mettre les prépositions qui conviennent :

1. Le touriste a réglé sa note d'hôtel ...... dollars.
2. L'écolier a échangé des billes ...... des timbres-poste.
3. J'ai buté ...... une pierre et j'ai failli tomber.
4. Ne vous perdez pas ...... hypothèses vaines.
5. Cet écrivain a toujours lutté ...... l'intolérance.
6. Je me suis abonné ...... une revue scientifique.
7. Beaucoup de personnes s'apitoient ...... le sort des animaux martyrs.
8. Quel plaisir ...... mordre dans un fruit !
9. Elle est pleine de délicatesse ...... ses amis.
10. La police s'est livrée ...... une enquête.
11. On a ouvert une enquête ...... les causes de l'accident.
12. Ne vous inquiétez pas ...... cette affaire.
13. Je ne me sens pas concerné ...... vos critiques.
14. Nous nous sommes opposés ...... ce projet de construction.
15. Cette route aboutit ...... la mer.
16. Elle se passionne ...... l'opéra.
17. Ce paravent chinois provient ...... une collection particulière.
18. Il faut savoir s'accommoder ...... les circonstances.
19. Quelles sont vos impressions ...... ce roman ?
20. Il manifestait une grande déférence ...... ses supérieurs.

11. Même exercice :

A.
1. On s'interroge ...... les causes du déraillement.
2. La discussion promet ...... être ardue.
3. Les combats font rage ...... les deux armées.
4. L'organisation de la manifestation laissait beaucoup ...... désirer.
5. La presse a passé ...... silence les incidents des jours derniers.
6. Son écharpe verte tranchait ...... sa robe noire.
7. Laissez ...... côté ce qui n'est pas essentiel.
8. Je me chargerai ...... transmettre votre message.
9. Ce verdict est appelé ...... faire jurisprudence.
10. Le programme du spectacle est donné ...... toutes réserves.

B.
1. Il se coiffa ...... un journal en guise de chapeau.
2. On a décidé ...... limiter ...... vingt-cinq le nombre des participants au voyage.

3. Je me garderai bien ...... me prononcer ...... ce cas.
4. Il a toujours tendance ...... prendre ses désirs ...... des réalités.
5. Il est interdit ...... stationner ...... les portes cochères sous peine d'amende.
6. ...... plusieurs de ses pièces, Molière tourne ...... ridicule les médecins.
7. ...... leurs différends, il feignent ...... vivre en harmonie.
8. L'homme n'a pas hésité ...... se jeter ...... l'eau ...... sauver l'enfant.
9. Nous sommes passés ...... transition ...... l'hiver ...... l'été.
10. Le télégramme m'enjoignait ...... me tenir prêt ...... partir ...... la moindre alerte.

C. 1. Il n'est pas homme ...... tergiverser.
2. Personne ne prendra de décision ...... l'absence du directeur.
3. Ne sortez ...... aucun prétexte !
4. Aimez-vous les tomates ...... la provençale ?
5. J'ai examiné l'objet ...... tous les angles.
6. Nos appareils sont les seuls ...... présenter tant d'avantages.
7. Mes deux petits-fils sont nés ...... un mois d'intervalle.
8. Les cerisiers sont ...... fleurs.
9. Le président a été élu par trente voix ...... seize.
10. L'autoroute est ...... travaux ...... quinze kilomètres.

12. Compléter les phrases suivantes :

1. Je suis entièrement ...... votre avis.
2. Pourquoi vous hâter ? ...... mon avis, il n'y a pas péril en la demeure.
3. ...... l'avis des experts, la planète est entrée dans une ère de réchauffement.
4. N'insistez pas : ...... moi, l'affaire est entendue.
5. ...... vous, quelle est la distance de Paris à Limoges ?
6. Ce tableau est peint ...... nature.
7. ...... ma connaissance, vous ne remplissez aucune des conditions requises pour postuler cet emploi.
8. Personne ne l'a convoqué : il est venu ...... son plein gré.
9. Ils sont furieux : on a publié leurs déclarations ...... leur gré.
10. Les feuilles mortes tourbillonnent ...... gré du vent.

13. Remplacer la barre par une préposition :

1. Les chiens s'acharnaient / la bête blessée.
2. Il s'acharne / le travail jusqu'à épuisement.
3. Les députés de l'opposition s'acharnèrent / le projet de loi.
4. Elle a été prise / panique au milieu de la foule.
5. Il s'est pris / passion pour l'archéologie.
6. Il se prend / un génie.
7. Impatienté, il s'en prit / l'employé qui tardait à lui répondre.
8. Tenez-vous bien / la rampe, l'escalier est abrupt.
9. Qui ne tient / la vie ?
10. Cet enfant est doué pour le dessin : il tient / sa mère.
11. Je tenais beaucoup / le bijou que j'ai perdu.
12. La vieille dame tenait / réunir tous ses petits-enfants pour Noël.
13. Vous êtes tenus / être à l'heure.
14. Nous nous en tiendrons / ce qui a été décidé.
15. On le tient / l'un des physiciens les plus brillants de sa génération.

16. Il a joué sa carrière / un coup de tête.
17. Les deux frères aimaient jouer / les cartes.
18. Ingres jouait-il / le violon ?
19. Le chat jouait / les franges du tapis.
20. Le jeune violoniste semblait se jouer / toutes les difficultés.

14. Compléter les phrases suivantes :

A. 1. Il est malade ...... trois ans.
2. Cette femme doit avoir ...... les cinquante ans.
3. Son accident remonte déjà ...... cinq ans.
4. ...... quarante ans de vie commune, ils ne se sont jamais disputés.
5. Nous avons des vivres ...... au moins un an.
6. Il prend régulièrement un congé deux fois ...... an.
7. C'est un cheval ...... quatre ans qui a remporté le prix de l'Arc de Triomphe.
8. Elle pense avoir terminé sa thèse ...... un an.
9. Ils se sont mariés en 1980; ...... un an, ils divorçaient.
10. Il a exercé le métier de kinésithérapeute ...... dix ans.

B. 1. Quel est le plat ...... jour ?
2. Revenez-nous voir ...... quelques jours.
3. Il a toujours vécu ...... jour le jour.
4. Paris ne s'est pas fait ...... un jour.
5. Vous prendrez ces gouttes deux fois ...... jour.
6. J'ai enfin pu mettre ma correspondance ...... jour.
7. Cet événement s'est produit il y a vingt ans, jour ...... jour.
8. Pour profiter du paysage, faites plutôt le voyage ...... jour.
9. Des thermes gallo-romains viennent d'être mis ...... jour.
10. Elle s'est présentée ...... son jour le plus favorable.

** 15. Compléter les phrases à l'aide des locutions suivantes : Après — d'après; à défaut de — faute de; à l'arrière de — derrière ; hormis — hors de ; au-dessus de — par-dessus.*

1. Quelques années ...... la mort de Napoléon, on organisa une cérémonie grandiose pour le transfert de ses cendres aux Invalides.
2. ...... certains historiens à l'imagination fertile, Napoléon serait mort empoisonné.
3. On avait installé les enfants ...... la voiture.
4. Chaque fois que ses maîtres partaient, le chien courait ...... la voiture.
5. Guidé par sa cavalière, le cheval sauta ...... la haie.
6. On a accroché le Picasso ...... le Matisse.
7. Fou de terreur, il se précipita ...... la maison en flammes.
8. J'admets tout, ... la mesquinerie.
9. ...... vocabulaire, il ne peut s'exprimer correctement.
10. ...... compétences réelles, il a du savoir-faire.

16. Même exercice : Au-dessous de — sous; avant — devant; dès — depuis; à l'encontre de — à la rencontre de; à la faveur de — en faveur de; entre — parmi; à part — de la part de; en raison de — à raison de; à travers — en travers de; envers — vers :

1. La conférence a été annulée ...... une grève de l'E.D.F.
2. ...... 3 % d'augmentation par an, le loyer de son appartement dépassera rapidement ses moyens.
3. Elle est sortie en toute hâte pour aller ...... son ami.
4. Cette décision allait ...... mes convictions.
5. La mer Morte se trouve à 300 mètres ...... le niveau de la mer.
6. Ils s'abritèrent ...... le porche pendant l'averse.
7. Une majorité de députés se sont prononcés ...... les réformes proposées par le ministre.
8. ...... le désordre qui régnait dans la salle, le voleur a pu subtiliser plusieurs portefeuilles.
9. ...... son réveil, on le voyait s'installer à sa table et s'absorber dans son travail.
10. ...... le départ de son dernier enfant, cette femme se sent désorientée et désœuvrée.
11. ...... un petit groupe de fidèles, plus personne ne rend visite à cet homme d'État à la retraite.
12. La comédienne a reçu une somptueuse gerbe de roses ...... un admirateur inconnu.
13. ...... les deux candidats, on a choisi non pas le plus expérimenté, mais le plus jeune.
14. Elle a entrevu, ... la foule qui se pressait sur le trottoir, plusieurs visages connus.
15. Fatiguée, étourdie par la chaleur, elle sortit ...... la fin de la cérémonie.
16. Ils passaient leurs soirées ...... le poste de télévision comme hypnotisés par les images.
17. La circulation a été déviée : un arbre s'est abattu ...... la chaussée.
18. Elle guettait les allées et venues de ses voisins ...... les rideaux.
19. L'adolescent, en retard, se hâtait ...... le lieu de rendez-vous.
20. Le tribunal s'est montré clément ...... le jeune délinquant.

17. Compléter le texte suivant par les prépositions qui conviennent :

Paris, le 15 avril 19..

Mairie de Paris
Direction de la voirie

Madame, Monsieur,

Le couloir réservé ...... la circulation des autobus, rue des Écoles, est fréquemment encombré ...... des véhicules ...... stationnement illicite. C'est pourquoi les services municipaux ont entrepris ...... aménager le trottoir pair de cette rue, ... la rue Monge et le boulevard Saint-Michel, en y installant des bornes ...... ciment.
En conséquence, le Préfet de Police, responsable ...... la réglementation de la circulation à Paris, a décidé ...... réduire la largeur de la chaussée ...... deux voies ...... cette portion, ... la durée des travaux qui se dérouleront ...... tronçons successifs.
Ces mesures seront appliquées du 25 avril au 25 juin, ... incidents ou intempéries qui obligeraient ...... les prolonger.
Les services municipaux dirigeront les travaux et procéderont ...... la pose des panneaux réglementaires de signalisation ...... les jours prochains.
Cette lettre a ...... but de vous aider ...... adapter vos itinéraires habituels ...... cette organisation temporaire.

La Mairie de Paris vous remercie ...... votre compréhension.

18. Texte :

A. Relever les prépositions (ou locutions prépositives) du texte.

*B. Etudier les différents sens que prennent les prépositions **à, de, par**.*

C. Montrer comment ces nombreuses prépositions contribuent à l'organisation de l'espace visuel.

Le 15 septembre 1840, vers six heures du matin, La *Ville-de-Montereau*, près de partir, fumait à gros tourbillons devant le quai Saint-Bernard.

Des gens arrivaient hors d'haleine; des barriques, des câbles, des corbeilles de linge gênaient la circulation; les matelots ne répondaient à personne; on se heurtait; les colis montaient entre les deux tambours, et le tapage s'absorbait dans le bruissement de la vapeur, qui, s'échappant par des plaques de tôle, enveloppait tout d'une nuée blanchâtre, tandis que la cloche, à l'avant, tintait sans discontinuer.

Enfin le navire partit; et les deux berges, peuplées de magasins, de chantiers et d'usines, filèrent comme deux larges rubans que l'on déroule.

Un jeune homme de dix-huit ans, à longs cheveux et qui tenait un album sous son bras, restait auprès du gouvernail, immobile. À travers le brouillard, il contemplait des clochers, des édifices dont il ne savait pas les noms; puis il embrassa, dans un dernier coup d'œil, l'île Saint-Louis, la Cité, Notre-Dame; et bientôt, Paris disparaissant, il poussa un grand soupir. [...]

La rivière était bordée par des grèves de sable. On rencontrait des trains de bois qui se mettaient à onduler sous le remous des vagues, ou bien, dans un bateau sans voiles, un homme assis pêchait; puis les brumes errantes se fondirent, le soleil parut, la colline qui suivait à droite le cours de la Seine peu à peu s'abaissa, et il en surgit une autre, plus proche, sur la rive opposée.

Gustave Flaubert, *L'Éducation sentimentale* (1869).

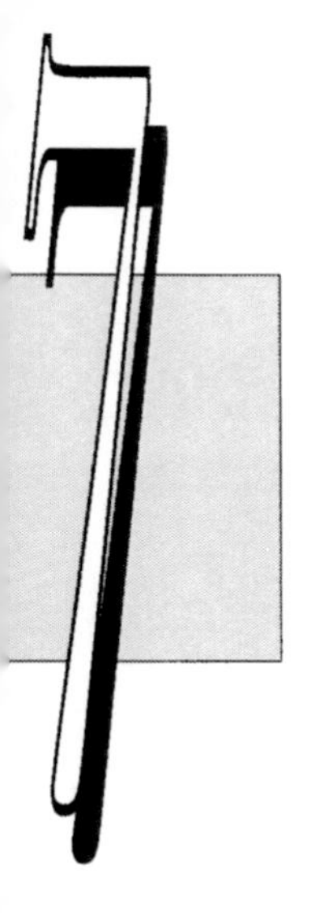

LE VERBE
FORME, TEMPS, ASPECT

Identification de quelques formes verbales 1
Accord du verbe 2
Choix de l'auxiliaire .... 3 à 5
Formes passive et pronominale .... 6 à 10
Forme impersonnelle 11
Valeurs du futur 12
L'aspect .... 13 - 14
Valeurs du conditionnel 15
DEVOIR, POUVOIR, SAVOIR 16
Transpositions au passé .... 17 à 24
Textes d'auteurs .... 25 à 27
Phrases d'auteurs

1. Identifier ces formes verbales (mode, temps, personne) :

A.
1. suis
2. prends
3. donne
4. pressent
5. verra
6. enverra
7. pourvoira
8. émeuve
9. éprouvent
10. adhèrent

Distinguer ces formes verbales :

B.
1. fis / fus
2. fumes / fûmes
3. dîmes / dûmes
4. dirent / durent
5. sera / serra
6. voyons / voyions
7. virent / virèrent
8. paressait / paraissait
9. s'agitait / s'agissait
10. tende / tente

Chacune de ces formes peut être verbe et nom ou verbe et adjectif. Composer deux courtes phrases avec chacune d'elles :

C. «Raccourci» :

→ *J'ai raccourci ma jupe qui était trop longue.*
→ *Prenez ce raccourci, vous arriverez plus vite à la gare.*

1. élève
2. sens
3. dessert
4. passant
5. subit
6. rire
7. couvert
8. pouvoir
9. écrit
10. maîtrise

2. Mettre les verbes entre parenthèses à la forme qui convient :

1. La plupart des adhérents (verser) déjà leur cotisation.
   Une minorité (devoir) encore s'en acquitter.
2. La majorité des sénateurs (souhaiter) amender le projet de loi.
3. C'est une exposition de toiles cubistes. La plupart (signer) de Braque.
4. Une nuée de moustiques (envahir) la terrasse.
5. La foule des visiteurs (se répandre) dans les allées du parc.
6. Bien des gens (ignorer) les subtilités de l'accord des participes.
7. Tout le monde (s'interroger) sur l'issue du débat.
8. Un grand nombre de statues (endommager) lors du séisme.
9. Ni l'un ni l'autre des éditeurs ne (accepter) le manuscrit.
10. Un troupeau de moutons (traverser) le hameau à l'aube.

3. Mettre les verbes entre parenthèses au passé composé :

1. Il (descendre) les bouteilles à la cave.
2. Il (descendre) à la cave.
3. Il (monter) le vieux paravent au grenier.
4. Les touristes (monter) à Montmartre par le funiculaire.
5. Les cyclistes (monter) le col du Tourmalet.
6. Les contrebandiers (passer) la frontière de nuit.
7. Pour se rendre boulevard Raspail, les étudiants (passer) par le jardin du Luxembourg.
8. Toutes ces années (passer) bien vite.
9. Elle (sortir) les fauteuils d'osier dans le jardin.
10. Nous (entrer) dans la basilique par le portail sud.

** 4. Mettre les verbes entre parenthèses au présent passif ou au passé composé actif, selon le cas :*

1. La Première Guerre mondiale (éclater) en août 1914.
2. Une nouvelle ère (commencer) après la guerre.
3. La cérémonie (commencer) à 11 heures précises.
4. La représentation (commencer) depuis 20 minutes.
5. Il (finir) son travail en un tournemain.
6. Les travaux de restauration (finir) depuis l'an dernier.
7. Ils (finir) par comprendre ce qu'on attendait d'eux.
8. La messe (finir), les fidèles sortent de l'église.
9. Le premier volume de l'*Encyclopédie* de Diderot (paraître) en 1751.
10. Le livre que vous cherchez (ne pas encore paraître).

5. *Mettre les verbes entre parenthèses au passé composé :*

1. Les secours (intervenir) promptement.
2. Le maître-nageur (parvenir) à ranimer le noyé.
3. Une coupure de courant (survenir) au beau milieu du discours.
4. On nous (prévenir) trop tard du report de la conférence.
5. Il (devenir) blême en apprenant son licenciement.
6. C'est son frère aîné qui (subvenir) à ses besoins pendant toutes ses études.
7. L'hôtel me (convenir) : j'y ai passé deux semaines.
8. Nous (convenir) de nous retrouver dans un mois.
9. Je (demeurer) longtemps dans cette localité.
10. Il (demeurer) interdit à la vue du corps inerte.

6. *Mettre les phrases suivantes à la forme passive :*

A.
1. Un nouveau mannequin présentera la collection d'automne.
2. Dans cette région, la culture du colza a supplanté celle de la vigne.
3. La foudre aurait endommagé la toiture de la grange.
4. Des voyous avaient molesté l'adolescente.
5. On a récemment profané plusieurs tombes dans ce cimetière.
6. Des archéologues ont mis au jour une roue de char celte.
7. Les croisés ont édifié cette citadelle au XIIe siècle.
8. Un bombardement a détruit la flèche de la cathédrale.
9. Le Nôtre a dessiné les jardins de Versailles.
10. En France, on élit le président de la République au suffrage universel direct.

B.
1. Les soucis m'accablent.
2. Une vieille jument tirait la roulotte.
3. L'invention du laser a bouleversé les techniques chirurgicales.
4. Des peintures naïves décoraient la façade de l'auberge.
5. Des dizaines de véhicules encombraient l'esplanade du château.
6. La recrudescence des agressions préoccupe les pouvoirs publics.
7. Les élèves adoraient leur institutrice.
8. L'humidité a détérioré les fresques de la crypte.
9. Un vin d'honneur suivra la remise de décorations.
10. Bien des estivants connaissent ce calvaire breton.

* 7. *Même exercice :*

1. C'est toujours le plus faible qu'on attaque.
2. J'aimerais mieux que ce soit le Docteur X qui opère ma femme.
3. Ses complices ont dû l'avertir de l'approche des policiers.
4. Il est absurde que l'on ait consacré toute une émission à ce sujet.
5. C'est un déséquilibré qui a lacéré le tableau.
6. L'explosion aurait pu souffler l'immeuble.
7. Pour commencer les travaux, nous attendons qu'on nous accorde l'autorisation d'abattre la cloison.
8. Il est fréquent que la pluie inonde notre cave.
9. Il est étonnant que personne n'ait entendu le coup de feu.
10. C'est la tornade qui a dévasté la plantation.

8. *Récrire les phrases suivantes en employant la forme pronominale, sans changer le sens général :*

On soigne facilement cette maladie.
→ *Cette maladie se soigne facilement.*

1. On appelle cette sauce une béchamel.
2. Cet apéritif doit être bu glacé.
3. Cette liqueur est obtenue grâce à un savant mélange de plantes.
4. On retient facilement votre numéro de téléphone.
5. Cette étoffe peut être lavée sans risque.
6. On n'emploie guère cette expression de nos jours.
7. Les mauvais souvenirs sont plus vite oubliés que les bons.
8. On n'a jamais vu une telle désinvolture.
9. On ne rencontre cette variété de fleurs que sous les tropiques.
10. En France, on peut acheter les timbres dans les bureaux de tabac.

*** 9. *Transformer, lorsque cela est possible, les phrases suivantes en utilisant la forme passive ou pronominale (personnelle ou impersonnelle).***

1. On a pris la Bastille le 14 juillet 1789.
2. On perd pied à deux mètres de la rive.
3. On ne visite ce château que le dimanche.
4. Cet immeuble est si vétuste qu'on a dû l'évacuer.
5. Dans ma famille, on est médecin de père en fils.
6. On boit le bordeaux à la température de 18° environ.
7. On a voté l'abolition de la peine de mort en 1981.
8. On ne prononce pas le «l» de «fusil».
9. On ne doit jamais se décourager.
10. On nous a conseillé de nous tenir prêts à toute éventualité.

*** 10. *Récrire les phrases en utilisant les verbes : S'ENTENDRE, SE FAIRE, SE LAISSER, SE VOIR, ou SE SENTIR, suivis d'un infinitif :***

On a volé le portefeuille de mon frère.
→ *Mon frère s'est fait voler son portefeuille.*

1. On l'a opérée la semaine dernière.
2. Des contrôleurs trop zélés nous ont interdit l'entrée de la salle.
3. L'orage les a surprises.
4. On l'a traité de tous les noms.
5. On l'a condamné à la réclusion criminelle à perpétuité.
6. On les a insultés sans qu'ils réagissent.
7. On m'a dit que vous envisageriez de vendre votre propriété.
8. Son professeur l'a vigoureusement sermonné.
9. On lui a reproché son indélicatesse.
10. On l'a appelée par son nom de jeune fille.

*** *11. Récrire les phrases suivantes en mettant le verbe à la forme impersonnelle :***

Une explosion s'est produite dans l'usine.
⟶ *Il s'est produit une explosion dans l'usine.*

1. Un grand silence se fit soudain.
2. Plusieurs élèves manquaient hier matin.
3. Quelques petits fours étaient restés sur un plateau.
4. Un parfum subtil émanait de ce flacon.
5. Une odeur âcre se dégageait du brasier.
6. Une mince couche de verglas s'est formée au petit matin.
7. 30 centimètres de neige étaient tombés depuis la veille.
8. Un malentendu regrettable est survenu entre nous.
9. Une association s'est créée pour la sauvegarde de la chapelle.
10. Certaines traditions étranges existent encore dans cette région reculée.

12. Mettre (selon le cas) les verbes entre parenthèses à l'une des formes verbales suivantes : présent, futur proche, futur simple, futur antérieur, futur du passé, devoir + infinitif :

1. Attention, tu (tomber) !
2. Attendez-nous ici, nous (revenir) tout de suite.
3. Pourquoi n'ai-je pas reçu la lettre de Frédéric ? Il (se tromper) encore d'adresse !
4. Les enfants, vous (ne pas oublier) de fermer la fenêtre avant de sortir !
5. Patientons un peu, Guy (venir) nous rejoindre.
6. Il a juré que cette fois il (ne pas reculer) devant l'obstacle.
7. On pourra passer la deuxième couche de vernis quand la première (sécher) complètement.
8. Jeanne d'Arc fut brûlée vive en 1431; elle (réhabiliter) quelques années plus tard.
9. Dans trente ans, la population du pays (doubler).
10. Nous (connaître) dans notre vie bien des bouleversements !

13. Mettre le verbe entre parenthèses au mode et au temps qui conviennent :

1. Je suis rassasié : je (déjeuner) bien.
2. J'étais rassasié : je (déjeuner) bien.
3. Nous prendrons la mer quand la tempête (s'apaiser).
4. Dix heures sonnèrent; il (ne pas encore se lever).
5. Nous sommes le 15 août et on (ne pas encore terminer) la moisson dans cette région.
6. Il était neuf heures, je (être en retard), je (descendre) l'escalier quatre à quatre, l'autobus (passer) déjà.
7. Ne nous attendez pas ce soir pour le repas, nous (dîner) déjà quand nous arriverons.
8. Le plombier m'a assuré qu'il (terminer) complètement les travaux avant la fin de la semaine.
9. J'ai regretté que vous (ne pas pouvoir) participer à notre réception.
10. On a annoncé que le boulevard périphérique (fermer) à la suite d'un accident et que la circulation (rétablir) dès qu'on (dégager) la chaussée.

14. Expliquer les formes verbales en italique en distinguant l'action qui va se faire, l'action qui commence, l'action en train de se faire, l'action qui vient de se faire :

1. Cette découverte *va bouleverse*r le marché des analgésiques.
2. L'avion *allait atterrir* quand l'un des réacteurs tomba en panne.
3. Les malfaiteurs *s'apprêtaient à forcer* le coffre lorsque l'alarme retentit.

4. L'armée *était près de battre en retraite* quand les renforts survinrent.
5. On *devait annoncer* les résultats de l'examen le soir même.
6. Air France *est sur le point de passer commande* de quinze nouveaux appareils.
7. Le fils de nos voisins *est en passe de devenir* l'un des meilleurs comédiens de sa génération.
8. Nous traversions le parvis quand *il se mit à pleuvoir* de plus belle.
9. *J'étais en train de consulter* l'annuaire quand vous m'avez appelé.
10. L'enfant *n'a pas cessé de geindre* pendant tout le trajet.
11. Le chien *ne fait qu'aboyer* du matin au soir.
12. Malgré les mises en garde du médecin, *il continue à s'adonner* à la boisson.
13. Du parterre au dernier balcon, le vacarme *allait croissant.*
14. Elle *est loin d'avoir terminé* la rédaction de son rapport.
15. Le litige *est en cours de règlement.*
16. De nombreuses espèces animales *sont en voie de disparition.*
17. *Tout en faisant* les cent pas, nous bavardions à bâtons rompus.
18. Quand *aurez-vous fini de médire* de vos semblables ?
19. On *vient enfin d'élucider* l'énigme qui tenait le village en haleine.
20. L'avion *venait d'amorcer* sa descente quand un des moteurs prit feu.

15. Justifier l'emploi des formes verbales en italique (futur du passé, hypothèse, suggestion, etc.) :

A.

1. Il avait l'intuition qu'il ne la *reverrait* jamais plus...
2. On *dirait* que vous êtes chagriné...
3. À votre place, je *reverrais* la première partie du texte.
4. Que *diriez-vous* d'un tour de manège ?
5. La catastrophe *aurait fait* soixante-douze victimes.
6. Si l'occasion se présentait, je la *saisirais* immédiatement.
7. Je *donnerais* tout pour connaître leurs intentions.
8. Vous *auriez pu* me prévenir !
9. J'*aurais bien voulu* voir la scène de mes yeux...
10. J'espérais qu'on *aurait retrouvé* mes papiers.

B.

1. Il y a longtemps qu'on aurait dû mettre un terme à ces agissements.
2. J'*aurais bien aimé* vous être utile, mais vous connaissez mon état...
3. Il était probable que le mystère ne *serait* jamais *éclairci.*
4. Je vous *serais* vivement reconnaissant de me répondre dans les plus brefs délais.
5. Si l'homme avait l'audace de revenir, elle lui *dirait* son fait.
6. En cas d'incident, on nous *aurait dédommagés.*
7. Nous étions convaincus qu'il nous *aurait dédommagés* avant la fin du mois.
8. Vous nous *abandonneriez* en si bon chemin !
9. Je connais si bien le trajet que je le *ferais* les yeux fermés.
10. Le *supplieriez-vous* à genoux, il ne vous *regarderait* pas.

**16. DEVOIR, POUVOIR, SAVOIR. Préciser la signification des formes en italique. Donner, si possible, une expression équivalente :*

1. Ils *avaient dû* fournir des efforts surhumains pour s'évader.
2. Vous *auriez dû* me consulter avant de donner votre parole.
3. Nous *devions* nous retrouver à mi-chemin.
4. Il *a dû* oublier la consigne !
5. Il *doit* faire tout au plus quinze degrés.
6. Molière fut pris de malaise en jouant *Le Malade imaginaire.*
   Il *devait* mourir quelques heures plus tard.

7. N'oubliez pas que vous me *devez* cinq cents francs !
8. *Pouvez*-vous nous résumer votre entrevue avec les autorités locales ?
9. Vous *auriez pu* tenir compte de nos réclamations !
10. Notre interlocuteur *pouvait* avoir une cinquantaine d'années.
11. *Puis*-je me retirer ?
12. Tu *pourras* l'emporter facilement, j'en suis sûr.
13. Il *se peut* que l'on vous demande de témoigner.
14. Comment *a*-t-il *pu* tenir de pareils propos ?
15. J'aimerais en *savoir* davantage sur son compte.
16. *Savez*-vous lire l'ancien français ?
17. Je ne *saurais* vous dire combien vos encouragements m'ont été précieux.
18. Ils avaient perdu de leur arrogance car ils se *savaient* coupables.
19. Il faut parfois *savoir* se taire.
20. Peut-être consentira-t-elle à se déplacer ? Qui *sait* ?

17. Mettre le verbe entre parenthèses au temps qui convient, imparfait ou passé simple :

1. Ce matin-là, ils (partir) à l'aube et (marcher) longtemps avant d'atteindre le village qui (se trouver) de l'autre côté de la vallée.
2. Les promeneurs (voir) tout à coup surgir devant eux un château qui (dresser) ses ruines au sommet d'une montagne. Ils (presser) le pas et (s'arrêter) bientôt, muets d'admiration.
3. L'homme (lire). Soudain, il (entendre) un bruit léger de l'autre côté de la porte; alors, il (éteindre) la lampe, (se déplacer) en silence et (attendre), dissimulé derrière les rideaux. Quelques instants après, il (voir) une ombre qui (se faufiler) dans la pièce.
4. Pierre (arriver) à la gare quelques minutes avant le départ du train. Lorsqu'il (parvenir) sur le quai, le train (démarrer). Il (courir) et (réussir) à monter dans le dernier wagon.
5. Les deux paysans se penchèrent vers l'âtre pour prendre du feu et (allumer) leur pipe. Puis ils (rester) silencieux, éclairés seulement par les flammes qui (danser) dans la cheminée.
6. Le domestique (soulever) la tenture; dans l'alcôve qu'elle (dissimuler), (se trouver) un immense divan sur lequel (s'amonceler) des coussins de velours cramoisi.
7. Parfois, dans la soirée, le temps (tourner) à l'orage. Toute la bourgade (sortir) alors de sa torpeur. Les chiens (aboyer), les enfants (crier) d'excitation, les volets (claquer); déjà la pluie (crépiter) sur les tuiles.
8. Lorsqu'elle (déboucher) sur la place du marché, elle eut l'impression que l'homme la (suivre) toujours. Elle (comprendre) qu'il lui (falloir) le gagner de vitesse. Aussi elle (se mettre) à courir. Une sueur froide (baigner) son front, les pensées les plus folles (défiler) dans sa tête.
9. Il s'installa dans un fauteuil, (prendre) par désœuvrement un livre qui (traîner) sur la table et (se plonger) dans sa lecture tandis que peu à peu l'obscurité (gagner) le salon.
10. Le nageur (ajuster) son masque, (enfiler) ses palmes, (plonger) dans l'eau transparente et (avancer) au milieu de poissons multicolores qui (évoluer) autour de lui et (s'écarter) à son passage.

18. Mettre le texte suivant au passé :

L'animation bat son plein dans le quartier de la ville où sont installés les antiquaires. C'est l'inauguration d'une semaine exceptionnelle. Pendant six jours, en effet, les magasins resteront ouverts tard le soir, offrant aux passants le spectacle de leurs vitrines où l'on a disposé les plus beaux objets.
Au centre d'une boutique élégante, trône un lion de pierre rose. Il semble surgi d'une civilisation lointaine. Un couple hésite à la porte puis entre et s'arrête, fasciné.

19. Même exercice :

Les touristes pénètrent dans la cathédrale dont les hautes tours dominent la ville. L'édifice a depuis peu retrouvé sa splendeur ancienne car on vient d'achever la restauration des vitraux. Ils chatoient dans la pénombre, créant une atmosphère surnaturelle et bleutée. Tout à coup, un rayon de soleil illumine l'une des grandes verrières et dépose des reflets colorés sur les piliers de la nef. Les visiteurs contemplent, émerveillés, cette féerie que l'on a peine à imaginer si on ne l'a jamais vue.

20. Mettre le texte suivant au passé :

Ce soir-là, à dix heures et demie, elle (regarder) la pendule et (déclarer) qu'elle (être) fatiguée. Elle (monter) dans sa chambre comme si elle (avoir) l'intention de se coucher, puis (redescendre) à pas de loup et (s'éloigner) dans le parc. Elle (se retourner) et (voir) alors son mari sortir sur la terrasse. Elle (presser) le pas pour atteindre un épais buisson derrière lequel elle (se cacher). C' (être) un excellent poste d'observation. Quelques instants plus tard, il (surgir) dans l'allée, (jeter) un regard circulaire. Il (se rendre) effectivement au rendez-vous. Bientôt, elle (percevoir) un bruit de voix étouffé : l'autre — ou les autres — (arriver) déjà. Elle (se pencher) pour mieux entendre et (sursauter) quand elle (distinguer) brusquement, braqué sur elle, le canon noir d'un revolver.

21. Même exercice :

Pierre (se réveiller) en sursaut. Il (avoir) le visage inondé de sueur, les tempes battantes. Jamais jusqu'alors il ne (être en proie) à un cauchemar aussi horrible. Il (regarder) le réveil. Les chiffres lumineux (marquer) deux heures vingt. Dehors, on (n'entendre rien). Tout (dormir). Le silence nocturne (ne pas même briser) par le roulement attardé d'une voiture. Pierre (éclairer) la pièce. Une angoisse sourde le (étreindre) toujours. Il (se lever), (boire) un verre d'eau et (faire) quelques pas dans l'appartement. Peu à peu, il (retrouver) son calme. Il (se demander) s'il (pouvoir) se rendormir facilement. Il (rester) un moment assis dans un fauteuil. Le chat (venir) se blottir sur ses genoux. Une fois qu'il (reprendre) ses esprits, il (regagner) sa chambre.

22. Même exercice :

Monique (jeter) un coup d'œil par-dessus la haie. Elle (entendre) un bruit insolite sur le chemin, là où d'habitude personne ne (passer). Elle (apercevoir) avec amusement deux enfants qui la (épier) à travers le feuillage. Ils (être) d'âge sensiblement égal et (se ressembler) étonnamment. Ils (rester) immobiles, décontenancés, surpris qu'elle les (découvrir). Elle leur (adresser) la parole, leur (demander) ce qu'ils (faire) là. Ni l'un ni l'autre ne (répondre). Comme elle (insister), l'un d'eux (bafouiller) quelques mots tandis que l'autre (montrer) du doigt la cime d'un chêne... Le temps qu'elle (comprendre) qu'ils (lancer) par mégarde leur ballon dans l'arbre, les enfants déjà (franchir) la haie et le plus grand (escalader) les branches.

23. Mettre le texte suivant au passé (utiliser le passé simple) :

Ce matin-là, comme la pluie qui (tomber) sans discontinuer depuis plusieurs jours (s'arrêter) et que les trottoirs (être) enfin secs, Pierre (se dire) qu'il (falloir) en profiter pour sortir un peu de la ville. Il (décider) donc de joindre quelques amis, ce qui (faire) rapidement. Ils (se réunir) d'abord pour savoir de quel côté ils (se diriger). Une fois qu'ils (examiner) diverses suggestions et devant les difficultés qui (surgir) généralement lorsque plusieurs personnes (émettre) chacune un avis différent, Pierre (proposer) d'aller tout simplement en forêt de Fontainebleau. Tandis que les plus sportifs (escalader) les magnifiques rochers qui (attirer) chaque dimanche de nombreux alpinistes, amateurs ou non, les autres (flâner) à leur aise dans les sentiers sablonneux.
Tout le monde (adopter) cette proposition. Comme dix heures (sonner), on (se mettre) en route. Ils (décider) de ne pas emprunter l'autoroute puisque ce (être) samedi, jour des départs en week-end, et que de nombreux véhicules (devoir) sans nul doute se presser vers le sud. Par des chemins détournés, on (éviter) les embouteillages. Ils (rouler) sans encombre, si bien qu'ils (atteindre) rapidement le site choisi.
Cependant, à peine ils (parvenir) dans la forêt qu'ils (obliger) de constater que les pluies abondantes qui (tomber) ces derniers jours (rendre) impraticables les sentiers de randonnée. Quant aux rochers, ils (devenir) trop glissants pour qu'on (pouvoir) grimper sans danger. Il (falloir) attendre qu'une journée de soleil et de chaleur (sécher) la pierre et (laisser) aux arbres le temps de s'égoutter. Puisque l'état du sol (ne pas permettre) de se livrer aux activités prévues, Pierre et ses amis (se rabattre) sur l'idée d'un bon déjeuner. Jean (se souvenir) d'une auberge située non loin de là. Des cousins l'y (emmener) quelques mois auparavant. Mais quand ils (arriver), l'auberge (fermer).

24. Mettre les verbes entre parenthèses au mode et au temps qui conviennent :

A. Tout le monde (se souvenir) encore aujourd'hui du jour où l'Opéra de la ville, qui (détruire) par un incendie, (rouvrir) ses portes.
Lorsque le feu (ravager) entièrement la magnifique salle de bois qui (dater) du XVIIIe siècle, les habitants en (éprouver) une grande consternation. C'est pourquoi le conseil municipal (décider) à l'unanimité que l'ouvrage (devoir) être reconstruit sans tarder. Il (falloir), bien sûr, des moyens financiers dont (ne pas disposer) la localité. Naturellement, l'État, sollicité, (promettre) d'accorder une subvention, sans toutefois préciser la date à laquelle les crédits (pouvoir) être débloqués. On (ouvrir) alors une souscription. À peine elle (lancer) que de nombreux dons (parvenir), ce qui (permettre) l'ouverture du chantier.
Tous les corps de métier, architectes, maçons, ébénistes, décorateurs, électriciens, (rivaliser) d'ingéniosité. Un spécialiste d'acoustique (venir) d'un pays voisin. On (consulter) les archives locales afin que la salle (retrouver) exactement son aspect primitif.

B. Les travaux (durer) deux ans. Enfin, un jour de mai, tout (se trouver) prêt. Les musiciens de l'orchestre, qui (se disperser), (se rassembler) à nouveau. On (convenir) que le nouvel Opéra (ouvrir) ses portes pour la fête de la ville qui (tomber) cette année-là un vendredi. On (souhaiter) que cette soirée (revêtir) un caractère exceptionnel; aussi on (s'assurer) le concours de grands chanteurs internationaux. Deux d'entre eux (renoncer) à d'autres engagements pour venir inaugurer la salle où ils (débuter) plusieurs années auparavant. Un célèbre chef d'orchestre (promettre) qu'il (diriger) la série.
La soirée attendue (être) un succès. Le public (se montrer) particulièrement réceptif face à une représentation exceptionnelle. L'enthousiasme (atteindre) son paroxysme lors du chœur final. Les applaudissements (éclater) et (se prolonger) pendant de longues minutes tandis que le rideau, à cause des rappels, (se relever) plusieurs fois, accompagné des bravos d'une salle transportée par la musique.

25. Texte :

1. Identifier les temps utilisés.

2. Montrer comment le choix des temps verbaux contribue au mouvement alerte du texte.

3. Relever les éléments (noms, adverbes, etc.) marquant le passage du temps.

LETTRE XCIX
Rica à Rhédi, à Venise.

Je trouve les caprices de la mode, chez les Français, étonnants. Ils ont oublié comment ils étaient habillés cet été; ils ignorent encore plus comment ils le seront cet hiver. Mais, surtout, on ne saurait croire combien il en coûte à un mari pour mettre sa femme à la mode.

Que me servirait de te faire une description exacte de leur habillement et de leurs parures ? Une mode nouvelle viendrait détruire tout mon ouvrage, comme celui de leurs ouvriers, et, avant que tu eusses reçu ma lettre, tout serait changé.

Une femme qui quitte Paris pour aller passer six mois à la campagne en revient aussi antique que si elle s'y était oubliée trente ans. Le fils méconnaît le portrait de sa mère, tant l'habit avec lequel elle est peinte lui paraît étranger; il s'imagine que c'est quelque Américaine qui y est représentée, ou que le peintre a voulu exprimer quelqu'une de ses fantaisies.

Quelquefois, les coiffures montent insensiblement, et une révolution les fait descendre tout à coup. Il a été un temps que leur hauteur immense mettait le visage d'une femme au milieu d'elle-même. Dans un autre, c'étaient les pieds qui occupaient cette place : les talons faisaient un piédestal qui les tenait en l'air. Qui pourrait le croire ? Les architectes ont été souvent obligés de hausser, de baisser et d'élargir leurs portes, selon que les parures des femmes exigeaient d'eux ce changement, et les règles de leur art ont été asservies à ces caprices. On voit quelquefois sur un visage une quantité prodigieuse de mouches, et elles disparaissent toutes le lendemain. Autrefois, les femmes avaient de la taille et des dents; aujourd'hui, il n'en est pas question. Dans cette changeante nation, quoi qu'en disent les mauvais plaisants, les filles se trouvent autrement faites que leurs mères.

Il en est des manières et de la façon de vivre comme des modes : les Français changent de mœurs selon l'âge de leur roi. Le monarque pourrait même parvenir à rendre la nation grave, s'il l'avait entrepris. Le Prince imprime le caractère de son esprit à la Cour; la Cour, à la Ville; la Ville, aux provinces. L'âme du souverain est un moule qui donne la forme à toutes les autres.

De Paris, le 8 de la lune de Saphar, 1717.
Montesquieu, *Lettres persanes* (1721).

26. Texte : *Étudier l'emploi du conditionnel et montrer comment il permet de distinguer l'hypothèse de la réalité.*

Alors que je faisais mon service militaire — avec une parfaite soumission, cherchant seulement le maximum de liberté possible et passant bien plus pour un idiot que pour une forte tête — je convins avec Kay de l'épouser. Personne de ma famille ne s'y serait opposé. Mais quand j'eus pris cette décision je me sentis dans un abîme : il me faudrait choisir un métier, travailler pour cette femme plus âgée que moi qui me serait à jamais liée. N'étant plus libre sentimentalement et me trouvant obligé de mener une existence difficile et médiocre, je devrais renoncer également à cette activité poétique à laquelle — justement parce qu'elle constituait une sphère où je pouvais échapper à l'emprise de Kay — j'avais une si furieuse envie de me livrer. En somme, je ne serais affranchi du service militaire que pour me charger aussitôt de chaînes encore plus lourdes.

Michel Leiris, *L'Âge d'homme* (1939).

27. Texte :

A. Relever les passés composés. Indiquer s'ils expriment un état ou une action.
B. Quels sont les temps ou modes absents de ce passage ?
C. Quelle impression ce texte produit-il sur le lecteur ?

Maintenant, A... est entrée dans la chambre, par la porte intérieure qui donne sur le couloir central. Elle ne regarde pas vers la fenêtre, grande ouverte, par où — depuis la porte — elle apercevrait ce coin de terrasse. Elle s'est maintenant retournée vers la porte pour la refermer. Elle est toujours habillée de la robe claire, à col droit, très collante, qu'elle portait au déjeuner. Christiane, une fois de plus, lui a rappelé que des vêtements moins ajustés permettent de mieux supporter la chaleur. Mais A... s'est contentée de sourire : elle ne souffrait pas de la chaleur, elle avait connu des climats beaucoup plus chauds — en Afrique par exemple — et s'y était toujours très bien portée. Elle ne craint pas le froid non plus, d'ailleurs. Elle conserve partout la même aisance. Les boucles noires de ses cheveux se déplacent d'un mouvement souple, sur les épaules et le dos, lorsqu'elle tourne la tête.

Alain Robbe-Grillet, *La Jalousie* (1957).

Phrases d'auteurs :

■ Je venais de traverser à ce carrefour dont j'oublie ou ignore le nom, là, devant une église. Tout à coup, alors qu'elle est peut-être encore à dix pas de moi, venant en sens inverse, je vois une jeune femme très pauvrement vêtue, qui, elle aussi, me voit ou m'a vu... *(André Breton)*

■ Nous avions presque fini le travail, le soleil s'était retiré, mais il faisait encore gris et assez clair quand une voiture est passée à bonne allure, sans s'arrêter. *(Henri Thomas)*

■ Voilà. Maintenant, je vais te dire encore deux choses. Et quand je les aurai dites, il faudra que tu sortes sans me questionner. *(Jean Anouilh)*

■ Quand je l'ai connue, elle était jeune et j'ai cru que je ne la verrais jamais vieillir. *(Jacques Chardonne)*

■ La longue rue déserte, qui s'étend devant moi, me rappelle en effet quelque chose, dont je ne saurais néanmoins préciser l'origine : j'ai seulement l'impression d'un endroit dans lequel je serais déjà venu, récemment, une fois en tout cas, plusieurs fois peut-être... *(Alain Robbe-Grillet)*

■ Il paraît que je fus un enfant docile et plutôt gai, mais je n'en ai gardé presque aucun souvenir et, sans le témoignage formel de ma mère et de ma sœur, je me refuserais aujourd'hui à y croire. *(Michel Leiris)*

■ Tout à coup il bondit sur son siège. Le téléphone sonnait. Brochard se méfiait du téléphone qui n'était là, du reste, que pour appeler un médecin en cas de danger de mort. Il ne répondit pas et le téléphone continua de sonner, et il continuait de sonner parce que la personne au bout du fil savait qu'il était là. *(Julien Green)*

■ La porte s'ouvrit. Elle s'ouvrit vivement, toute grande, comme si quelqu'un la poussait avec énergie et résolution. Un homme entra. Cet homme, nous le connaissons déjà. C'est le voyageur que nous avons vu tout à l'heure errer cherchant un gîte. *(Victor Hugo)*

■ En concevant son œuvre, et le principe du fer une fois admis, Eiffel avait à résoudre deux problèmes majeurs : la résistance du vent et le montage de l'édifice. C'est cette seconde victoire qui fait la beauté de la Tour. Eiffel imagina en effet un montage révolutionnaire : tout fut calculé à l'avance, on peut le dire, à 1 mm près. *(Roland Barthes)*

■ Dès qu'il eut dépassé les dernières maisons, et abordé la rampe qu'il avait gravie le matin, élargie maintenant et déserte sous l'averse de ses lampadaires, la gare se découvrit d'un coup allongée au pied de l'escarpement. *(Julien Gracq)*

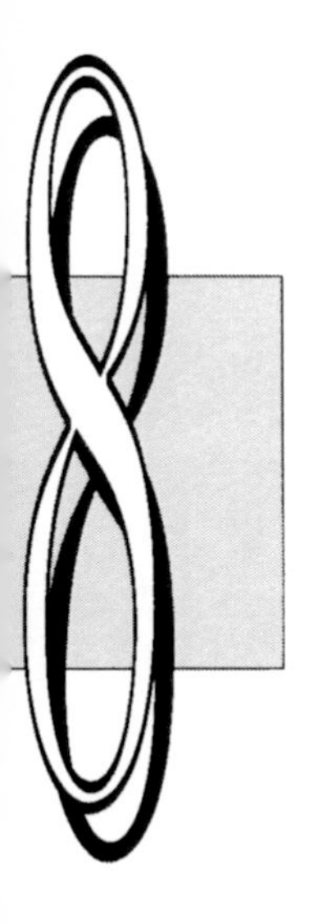

PARTICIPE, GÉRONDIF, INFINITIF

Accord du participe passé .... 1 - 2

Accord du participe passé des verbes pronominaux .... 3 à 6

Participe passé et participe présent 7

Participe présent et adjectif verbal 8

Participe présent et gérondif 9

Infinitif, participe présent et gérondif 10

Exercice de substitution 11

Étude de l'infinitif 12-13

Exercices de vocabulaire 14-15

Textes d'auteurs 16-17

Phrases d'auteurs

1. Mettre le verbe entre parenthèses au passé composé :

A. 1. Les pluies abondantes qui (tomber) ces derniers temps (détremper) les champs.
2. Les objets que nous (rapporter) de voyage (plaire) à nos amis.
3. On vient de reprendre une pièce que la Comédie-Française (créer) en 1950.
4. Nous (récompenser) largement des efforts que nous (fournir).
5. Comment l'idée d'un tel projet vous (venir) ?
6. La chanteuse (décéder) des suites d'une longue maladie.
7. Plusieurs bibelots de valeur (dérober) au musée municipal; on en (retrouver) quelques-uns chez un brocanteur.
8. Que de navires les mers (engloutir) au cours des siècles !
9. Les poèmes que le comédien (lire) comptent parmi les plus beaux de la langue française.
10. L'ethnologue (recueillir) les contes et les légendes de cette tribu, puis il les (traduire) et (publier).

B. 1. Le musée regorge de richesses que les conservateurs successifs (accumuler) au fil des années.
2. La ténacité que vous (montrer) dans cette affaire (forcer) l'admiration de tous.
3. Combien de cantates Bach (composer) ?
4. Des écueils, des embûches, qui n'en (rencontrer) dans sa vie ?
5. Il (tomber) encore douze millimètres d'eau dans la journée d'hier.
6. Tous ceux qui la (connaître) savent quelle grande artiste elle était.
7. Que de calomnies elle (répandre) toujours !
8. À la station de métro Cluny-La Sorbonne, il (monter) moins de voyageurs qu'il n'en (descendre).
9. Les tarifs qu'on nous (consentir) défient toute concurrence.
10. La démarche que nous (consentir) à faire n'était pas aisée.

2. Mettre le verbe entre parenthèses au passé composé ou au plus-que-parfait selon le cas :

A. 1. Les résultats obtenus ne sont pas ceux qu'on (escompter).
2. Combien de projets nous (former) que nous ne (pouvoir) mener à bien !
3. Quels trésors de diplomatie nous (ne pas déployer) pour le convaincre !
4. On a annoncé la réapparition de réseaux de terroristes qu'on (démanteler) il y a dix ou douze ans.
5. Une curieuse statuette (présenter) par l'archéologue qui la (découvrir).
6. Que de discussions il (falloir) avant de reconstruire le pont des Arts !
7. Nous (cueillir) des poires que nous (faire) cuire au four.
8. La coupe que je (laisser) tomber s'est brisée en mille morceaux.
9. Il (arriver) trois péniches de minerai au port de Bercy.
10. Elle se montra bien plus accueillante qu'on ne le (penser).

B. 1. Il s'agit de documents que personne ne (savoir) dater avec certitude.
2. La canicule qu'il (faire) cet été (nuire) considérablement aux récoltes.
3. Elle errait à travers les ruines de la ville qu'elle (voir) bombarder.
4. Elle portait une cape de velours qu'elle (faire) faire chez un grand couturier.
5. On regrette aujourd'hui les démolitions qu'on (laisser) faire il y a vingt ans.
6. La symphonie que nous (entendre) était de Berlioz.
7. Les musiciens que nous (entendre) interpréter la symphonie de César Franck étaient tous des amateurs.
8. Combien de concerts vous (entendre), à combien de conférences vous (assister) cet hiver ?
9. Combien les Impressionnistes (peindre) de marines !
10. Les années que Van Gogh (passer) en Provence nous (valoir) de nombreux chefs-d'œuvre.

3. Mettre le verbe entre parenthèses au passé composé :

A. 1. Ils (s'adresser) au guichet n° 4.
2. Les paroles qu'ils (s'adresser) étaient blessantes.
3. Ils (s'adresser) des paroles blessantes.
4. Ils (se lancer) dans une aventure périlleuse.
5. Ils (se lancer) des injures au visage.
6. Elle (se piquer) en cousant.
7. Elle (se piquer) le doigt en taillant ses rosiers.
8. Elle (se piquer) au doigt.
9. Les braconniers (se dissimuler) dans les buissons.
10. Elle (se dissimuler) longtemps la vérité.

B. 1. Elle (se servir) la première.
2. Elle (se servir) deux doigts de porto.
3. La fillette (se servir) du rouge à lèvres de sa mère.
4. La chatte (se frotter) contre les jambes de son maître.
5. Ils (se frotter) les mains de contentement.
6. Ils (se prêter) des outils.
7. Ils (se prêter) aux expériences proposées.
8. La question (se poser) de savoir si le festival serait maintenu.
9. Le programme serait-il modifié : nous (se poser) la question.
10. Elle (se poser) en arbitre du conflit.

4. *Même exercice :*

A. 1. La journée (s'écouler), triste et monotone.
2. Toutes les rumeurs (se taire).
3. Ils (s'émouvoir) du sort des sinistrés.
4. Les deux sœurs (se ressembler) beaucoup jusqu'à leur adolescence.
5. Elles (se sourire) en se croisant dans l'escalier.
6. Elle ne (se soucier) guère du confort de ses hôtes.
7. Elle (se souvenir) enfin du nom qu'elle cherchait.
8. Elle (s'habituer) au climat des tropiques.
9. Plusieurs ministères (se succéder) en dix ans.
10. La monteuse (se rendre compte) qu'un des plans du film était à supprimer.

B. 1. Elle (se plaindre) de ses migraines.
2. Après cet échec, tous ses espoirs (s'envoler).
3. Elle (s'empresser) de faire demi-tour.
4. Ils (ne pas se méfier) des «faux amis» dans leur traduction.
5. La toiture (s'écrouler) sous le poids de la neige.
6. Elles (se réfugier) sous un porche pendant l'averse.
7. «Quel magnifique bébé!» elle (s'écrier) en se penchant au-dessus du berceau.
8. La foule, prise de panique, (se ruer) vers les issues.
9. Pendant l'orage, les lumières (s'éteindre) plusieurs fois.
10. La brume (se dissiper) dans la matinée.

5. *Même exercice :*

Les deux vieillards (s'apercevoir) dans les allées du Luxembourg. Ils (s'approcher) l'un de l'autre et (se dire bonjour). Ils (se parler) longuement, (s'inquiéter) de leur état de santé réciproque. Puis, après (se promener) un moment, ils (s'arrêter) près du bassin. Quand ils (s'apercevoir) que l'heure avançait, ils (se saluer) et (se quitter).

6. *Mettre les verbes entre parenthèses au passé composé ou au plus-que-parfait selon le cas :*

Lorsque Marie est arrivée à la gare aux premières heures du jour, elle (se rendre compte) qu'une vie différente allait commencer. Elle ne (se douter) guère que ce moment arriverait si vite. Elle (se demander) bien souvent si ses projets se réaliseraient. Et voilà qu'elle se trouvait à la gare à attendre le train.
Le train est arrivé. Elle (s'avancer) alors sur le quai et (se diriger) vers son compartiment en vérifiant qu'elle (ne pas se tromper). Elle (s'y installer) et (s'adosser) contre la banquette, éprouvant un sentiment de confort. Une jeune fille est entrée peu après. Elles (se jeter) un rapide regard et (se sourire).
Doucement, les wagons (s'ébranler). Les lumières de la gare puis celles de la ville (s'évanouir). La campagne (se mettre) à défiler. Les villages (se succéder). Marie (s'intéresser) d'abord au paysage mais bientôt elle (se lasser) de ce spectacle monotone et elle (se souvenir) qu'elle avait rangé ses magazines dans son sac de voyage. Elle l'a ouvert. Ce faisant, elle n'a pu s'empêcher de jeter un coup d'œil satisfait sur les chaussures qu'elle (s'acheter). Refermant le sac, elle (se hausser) sur la pointe des pieds pour le remettre en place. Elle s'est assise et (se plonger) dans sa lecture.

7. Mettre le verbe entre parenthèses au temps du participe qui convient (présent ou passé) :

1. La bouteille (déboucher), il faut la boire.
2. Elle portait une broche (appartenir) à l'une de ses aïeules.
3. Elle vit dans un studio (appartenir) à la société qui l'emploie.
4. Il se leva de table, satisfait, bien (manger) et bien (boire).
5. Ses moyens financiers (limiter), il a dû renoncer à ce voyage coûteux.
6. (Se saisir) vivement d'un bâton, il tua la vipère.
7. (Décevoir) par ses résultats médiocres, il abandonna la compétition.
8. (Obtenir) la majorité des suffrages, le candidat fut élu au premier tour.
9. L'été (tirer à sa fin), les touristes se faisaient rares.
10. La saison (ne pas répondre) à leur attente, les hôteliers se lamentent.

8. Compléter les phrases suivantes par un participe présent ou un adjectif de la même racine que le verbe entre parenthèses :

1. Les chiens (obéir) ont rejoint leur maître à son appel.
2. (Obéir) à leur maître, les chiens ont abandonné la poursuite.
3. Pendant cette journée (étouffer), on cherchait vainement le moindre souffle d'air.
4. (Étouffer) sous leurs épais vêtements, ils se hâtèrent de quitter la salle surchauffée.
5. La chaleur de la plage était (suffoquer) à l'heure de midi.
6. (Suffoquer) de chaleur, elle plongea dans la rivière.
7. Regarder longtemps la télévision est (fatiguer) pour les yeux.
8. Le brouhaha de la fête nous (fatiguer), nous nous sommes retirés de bonne heure.
9. Votre avis (différer) du mien, nous ferons appel au jugement d'une tierce personne.
10. Les deux frères avaient des opinions politiques très (différer).

9. Mettre les verbes entre parenthèses à la forme qui convient (participe présent ou gérondif) :

1. Détachez (suivre) le pointillé.
2. (Se raviser), il fit machine arrière.
3. C'est (tâtonner) qu'il trouva l'issue du souterrain.
4. (Vouloir) trop bien faire, vous risquez de tout compromettre.
5. L'âge (aider), il devenait de plus en plus tolérant.
6. Ce n'est pas (gémir) qu'il faut aborder les difficultés.
7. J'ai découvert cette édition rare (fouiner) chez un bouquiniste.
8. On a surpris un employé (photographier) des documents confidentiels.
9. Les vacances (approcher), l'excitation grandissait parmi les élèves.
10. Il savait pertinemment, (faire) ces propositions, qu'il allait s'attirer des reproches.

10. Mettre les verbes entre parenthèses à la forme qui convient (infinitif précédé ou non d'une préposition, participe présent, gérondif) :

1. C'est (forger) qu'on devient forgeron.
2. J'ai passé la journée (mettre au point) mon discours.
3. Ils apprirent à mieux se connaître (jouer) aux échecs.
4. (Pousser) un pion, il renversa son roi.
5. Les machinistes (poursuivre) leur grève, le théâtre sera fermé ce soir encore.
6. Il était resté (écrire) sans se soucier du tapage.

7. C'est (travailler) d'arrache-pied que vous ferez des progrès.
8. Il éprouve une joie immense (explorer) les fonds sous-marins.
9. (S'estimer) victimes d'une injustice, les élus locaux ont décidé de faire appel du jugement rendu.
10. Il faut commencer (étudier) les circonstances de l'accident avant de se prononcer sur les responsabilités exactes.

11. Remplacer le groupe de mots en italique par un groupe infinitif en apportant les transformations nécessaires :

1. Nous avons longtemps regardé *le défilé des manifestants.*
2. Il est le seul témoin qui ait entendu *la chute du corps.*
3. La municipalité a finalement renoncé à *la construction du parc d'attractions.*
4. Le conférencier a prévu *une projection de diapositives* pour illustrer son sujet.
5. Elle s'est chargée de *la rédaction du procès-verbal.*
6. J'envisage *l'acquisition d'un ordinateur plus puissant.*
7. Il y a toujours des gens pour proposer *une réduction des impôts.*
8. Le Conseil général du département a contribué *à la mise en place de l'Office du Tourisme de la ville.*
9. Étendue dans l'herbe, elle écoutait *le bourdonnement des insectes.*
10. Il regretta immédiatement *son mensonge.*

12. Étudier l'emploi de l'infinitif dans les phrases suivantes :

1. Partir, c'est mourir un peu.
2. Ne laissez pas les enfants jouer avec les allumettes !
3. Ne pas exposer le médicament à la chaleur.
4. Moi, me marier ! Vous voulez rire !
5. À en juger par sa tenue, il se rendait à une réception.
6. Ralentir, école !
7. Commettre une telle erreur ! Et dire qu'il est spécialiste !
8. Où trouver une pharmacie ouverte à cette heure à moins de traverser la ville ?
9. Sa façon de plaisanter à tout propos agaçait son entourage.
10. Nous n'avions qu'un désir : dormir, dormir, dormir !

13. Étudier l'emploi de l'infinitif dans ce texte :

Recette des madeleines
125 g. de beurre, 125 g de sucre, 125 g de farine, 3 œufs, vanille, citron ou eau de fleur d'oranger.

Mettre le beurre dans une terrine ou un saladier, le faire ramollir au bain-marie s'il est trop dur. Après l'avoir bien travaillé au fouet, ajouter le sucre; continuer à battre jusqu'à l'obtention d'une pâte blanche; puis, mettre un œuf entier, battre encore 3 minutes, remettre un œuf et ainsi de suite; enfin, terminer par la farine et mélanger le tout à la spatule. Garnir les moules à madeleines beurrés et farinés. Cuire à four chaud environ 15 minutes.

14. Donner la signification des expressions en italique :

1. Vous trouverez *ci-joint* une copie du procès-verbal de la réunion.
2. *Chemin faisant*, ils nous racontèrent leurs récentes mésaventures.
3. N'hésitez pas, *le cas échéant*, à nous consulter.
4. Le magasin sera fermé du 3 au 31 juillet *inclus*.

5. Le musée est ouvert tous les jours de l'année, *y compris* les dimanches et jours de fêtes.
6. Le train de 18h 42 circule tous les jours, *excepté* les dimanches et jours fériés.
7. *Étant donné* les circonstances, les examens sont remis à une date ultérieure, non encore précisée.
8. Il a reçu un coup de téléphone qui a semblé le troubler, et il nous a quittés *toutes affaires cessantes.*
9. Nous avons lancé une vaste campagne de publicité et, *ce faisant*, nous avons doublé notre chiffre d'affaires.
10. Les réponses devront être adressées au jury du concours le 15 avril au plus tard, le cachet de la poste *faisant foi.*

15. Employer chacune des expressions suivantes dans une courte phrase :

À vrai dire — pour ainsi dire — cela dit — proprement dit — soi-disant — tout compte fait — réflexion faite — tout bien réfléchi — à l'insu de — au vu et au su de.

16. Texte :

A. Relever les participes présents, les participes passés et les adjectifs qualificatifs du texte.
B. Quel effet produit l'accumulation de ces différents éléments ?

Étendu tout pantelant sur son lit, on s'aperçoit petit à petit, comme l'œil qui s'habitue à la pénombre commence à distinguer peu à peu les contours des objets, qu'il y a, provoquant ce gonflement, ces élancements sourds, quelque chose, un corps étranger qui est là, fiché au cœur de l'angoisse, comme l'épine enfoncée dans la chair tuméfiée, sous l'abcès qui couve. Il faut extirper cela absolument, le sortir le plus vite possible pour faire cesser le malaise, la douleur, il faut chercher, creuser, comme on fouille la chair impitoyablement avec la pointe d'une aiguille pour en extraire l'écharde.
Elle est là, plantée au cœur de l'angoisse, un corpuscule solide, piquant et dur, autour duquel la douleur irradie, elle est là (parfois il faut tâtonner assez longtemps avant de la trouver, parfois on la découvre très rapidement), l'image, l'idée... Très simple d'ordinaire et même un peu puérile à première vue, d'une un peu trop naïve crudité — une image de notre mort, de notre vie. C'est elle que nous trouvons le plus souvent, notre vie, comprimée, resserrée sur un espace réduit, pareille à ces vies telles qu'on nous les présente parfois dans les films ou les romans, figée en un saisissant raccourci, barrée durement de dates (vingt ans déjà... trente ans... le temps écoulé... la jeunesse gaspillée... finie... et au bout l'échéance finale...), une image d'une effrayante netteté dont les ombres et les lumières ressortent accentuées, condensées comme sur une photographie tirée à format réduit. Notre vie, non pas telle que nous la sentons au cours des journées, comme un jet d'eau intarissable, sans cesse renouvelé, qui s'éparpille à chaque instant en impalpables gouttelettes aux teintes irisées, mais durcie, pétrifiée : un paysage lunaire avec ses pics dénudés qui se dressent tragiquement dans un ciel désert, ses profonds cratères pleins d'ombre.

Nathalie Sarraute, *Portrait d'un Inconnu* (1947).

***17. Texte** : À quelles fins l'auteur emploie-t-il cette succession d'infinitifs ?*

Échanger les billets, taxer les enrichissements, confisquer les profits illicites, réglementer les comptes en banque en ne laissant aux porteurs que la disposition d'une somme correspondant à leurs besoins immédiats, mettre à profit l'optimisme que la victoire inspirera au pays pour ouvrir un grand emprunt et absorber les liquidités, on limitera ainsi la circulation fiduciaire. Réajuster les prix payés aux producteurs, tout en subventionnant les denrées de première nécessité afin de maintenir les tarifs au plus bas, on permettra de cette façon l'approvisionnement des marchés. Accorder aux salaires et aux traitements une augmentation «substantielle» — de l'ordre de 30 p. 100 — on évitera par là la crise sociale. Mais aussi, il faut, dès à présent, s'assurer d'un renfort de vivres à l'extérieur. C'est pourquoi, le gouvernement constitue au printemps de 1944, dans les territoires d'outre-mer, des stocks d'une valeur de 10 milliards de l'époque et met sur pied, avec Washington, un «plan de six mois» prévoyant une première aide américaine.
Ces mesures empêcheront le pire. Mais rien ne fera que la nation, une fois libérée, ne doive subir longtemps encore la pénurie et le rationnement. Aucune formule magique et aucune astuce technique ne changeront sa ruine en aisance. Quoi qu'on invente et qu'on organise, il lui faudra beaucoup de temps, d'ordre, de travail, de sacrifices, pour reconstruire ce qui est détruit et renouveler son équipement démoli ou périmé. Encore doit-on obtenir pour cet effort le concours des classes laborieuses, faute duquel tout sombrera dans le désordre et la démagogie. Faire acquérir par la nation la propriété des principales sources d'énergie : charbon, électricité, gaz, qu'elle est, d'ailleurs, seule en mesure de développer comme il faut; lui assurer le contrôle du crédit, afin que son activité ne soit pas à la merci de monopoles financiers; frayer à la classe ouvrière, par les comités d'entreprise, la voie de l'association; affranchir de l'angoisse, dans leur vie et dans leur labeur, les hommes et les femmes de chez nous, en les assurant d'office contre la maladie, le chômage, la vieillesse; enfin, grâce à un système de larges allocations, relever la natalité française et, par là, rouvrir à la France la source vive de sa puissance; telles sont les réformes dont je proclame, le 15 mars 1944, que mon gouvernement entend les accomplir et, qu'en effet, il accomplira.

Charles de Gaulle, *Mémoires de guerre* (L'unité 1942-1944), publié en 1956.

Phrases d'auteurs :

Participe et gérondif

■ Figure-toi Pyrrhus, les yeux étincelants,
Entrant à la lueur de nos palais brûlants,
Sur tous mes frères morts se faisant un passage,
Et, de sang tout couvert, échauffant le carnage [...] *(Racine)*

■ Caïn, ne dormant pas, songeait au pied des monts.
Ayant levé la tête, au fond des cieux funèbres,
Il vit un œil, tout grand ouvert dans les ténèbres,
Et qui le regardait dans l'ombre fixement. *(Victor Hugo)*

■ Il s'en alla, mendiant sa vie par le monde. *(Gustave Flaubert)*

■ J'ai passé hier une affreuse soirée. Il ne se manifeste plus, mais je le sens près de moi, m'épiant, me regardant, me pénétrant, me dominant et plus redoutable, en se cachant ainsi, que s'il signalait par des phénomènes surnaturels sa présence invisible et constante. *(Guy de Maupassant)*

■ Au sortir de ces crises, il retombait sur son oreiller, mort de fatigue, trempé, moulu, haletant, étouffant. *(Romain Rolland)*.

■ Et chaque fois la jeune fille au supplice devait lui répéter que tout était disparu : la vieille demeure si étrange et si compliquée, abattue; le grand étang, asséché, comblé; et dispersés, les enfants aux charmants costumes... *(Alain-Fournier)*

■ Me voici devant tous un homme plein de sens
Connaissant la vie et de la mort ce qu'un vivant peut connaître
Ayant éprouvé les douleurs et les joies de l'amour
Ayant su quelquefois imposer ses idées
Connaissant plusieurs langages
Ayant pas mal voyagé
Ayant vu la guerre dans l'Artillerie et l'Infanterie
Blessé à la tête trépané sous le chloroforme
Ayant perdu ses meilleurs amis dans l'effroyable lutte [...] *(Guillaume Apollinaire)*

■ Quand Anquetil descendit à son tour, il le trouva racontant, en riant de son gros rire, la dernière facétie de Jim [....] *(Paul Morand)*

■ Elles se sont arrêtées devant les vitres intensément éclairées du hall où une grande marque d'automobiles expose ses modèles; je n'étais pas loin d'elles à ce moment, et en continuant du même pas, je les aurais rejointes; mais je me suis arrêté aussi. *(Henri Thomas)*

■ La sonnette ayant tinté, trois dames entrèrent presque aussitôt dans une grande bouffée de parfum. Mises avec une certaine recherche, elles étaient toutes trois d'un âge vénérable qui eût autorisé des toilettes plus simples. *(Julien Green)*

Infinitif

■ Plutôt souffrir que mourir,
C'est la devise des hommes. *(La Fontaine)*

■ Il voyait de loin se profiler les hautes cheminées de l'usine. *(Guy de Maupassant)*

■ Laissons le vent gémir et les flots murmurer. *(Alphonse de Lamartine)*

■ La violence du choc avait fait s'évanouir Isabelle. *(Théophile Gautier)*

■ Il faut travailler, sinon par goût, au moins par désespoir, puisque, tout bien vérifié, travailler est moins ennuyeux que s'amuser. *(Charles Baudelaire)*

■ À force d'inventer des machines, les hommes se feront dévorer par elles. *(Jules Verne)*

■ La chair est triste, hélas ! et j'ai lu tous les livres.
Fuir ! là-bas fuir ! Je sens que des oiseaux sont ivres
D'être parmi l'écume inconnue et les cieux ! *(Stéphane Mallarmé)*

■ «Eh bien ! Vivre, c'est agir, après tout ! Ça n'est pas philosopher... Méditer sur la vie ? A quoi bon ? [...] La cause est entendue une fois pour toutes... Vivre, ça n'est pas remettre toujours tout en question...» *(Roger Martin du Gard)*

■ Je n'admettais pas de ne pas comprendre. Or comprendre Odile était impossible et je crois qu'aucun homme (s'il l'avait aimée) n'aurait pu vivre auprès d'elle sans souffrir. *(André Maurois)*

■ Mais, à regarder de plus près, on pouvait remarquer que les visages étaient plus détendus et qu'ils souriaient parfois. *(Albert Camus)*

LA PROPOSITION SUBORDONNÉE RELATIVE

Exercices de liaison 1-2
Choix du pronom relatif ..... 3 à 7
TOUT CE QUI, TOUT CE QUE 8
QUI IL, QU'IL 9
Exercices de liaison et de ponctuation 10-11
Choix du mode et du temps de la relative ..... 12 à 16
Phrases à compléter 17
Exercices de substitution et de vocabulaire 18-19
Textes d'auteurs 20-21
Phrases d'auteurs

1. Relier les propositions suivantes au moyen d'un pronom relatif :

1. C'est un enregistrement d'une très haute qualité. Il enchantera les mélomanes.
2. De lointains cousins étaient venus à la cérémonie. Je ne les connaissais pas.
3. Je peux vous prêter ce matériel de plongée. Je n'en ai plus l'usage.
4. Elle songeait à se retirer dans ce village. Elle y avait passé ses années d'adolescence.
5. Il vouait une vénération sans bornes à cet homme. Il lui devait sa fortune.
6. C'est à Brest que nous nous sommes rencontrés un jour d'automne. Ce jour-là, il pleuvait.
7. Elle fit l'acquisition d'un secrétaire anglais. L'antiquaire le datait du XVIIIe siècle.
8. Grimpez au sommet du belvédère. De là, vous découvrirez un vaste panorama.
9. Elle cueillit une fleur en passant ; elle la glissa dans l'échancrure de son corsage.
10. Victor Hugo eut deux filles. L'une mourut très jeune et l'autre sombra dans la folie.

2. Même exercice :

1. Je vous présenterai mes amis ; je leur ai parlé de vous.
2. Je vous présenterai à mes amis ; je vous ai souvent parlé d'eux.
3. Fauré a écrit deux quatuors avec piano ; le premier est le plus connu.
4. Il cherchait sa loupe. Sans cette loupe, il était incapable de déchiffrer le moindre caractère.
5. J'ai reçu le programme du congrès. J'ai l'intention d'y participer.
6. Les spéléologues allumèrent une torche ; à la lueur de cette torche, ils explorèrent la grotte.
7. Ils aimaient longer le fleuve ; sur ses bords poussaient des roseaux.
8. Les jeunes femmes ouvrirent une vieille malle en osier ; elles aperçurent au fond une robe de bal aux couleurs passées.
9. Elle contempla les falaises ; de hautes vagues déferlaient au pied de ces falaises.
10. Il examina avec attention le petit hôtel particulier ; on lui avait dit qu'il était à vendre.

3. *Compléter les phrases suivantes à l'aide d'un pronom relatif, précédé ou non d'une préposition :*

1. Je me souviendrai toujours de ce professeur ...... les conseils m'ont été si précieux.
2. La chatte guettait les moineaux ...... se posaient sur le muret.
3. Les vestiges ...... les terrassiers ont mis au jour sont de l'époque carolingienne.
4. Ma collègue a la fâcheuse habitude de me téléphoner à l'heure ...... je suis à table !
5. La fortune est un avantage ...... on ne doit pas se prévaloir.
6. Je suis d'accord avec le principe ...... tout homme devrait se sentir solidaire des autres.
7. L'incident ...... vous faites allusion remonte à quelques années.
8. On découvrit enfin une lucarne entrouverte ...... le rôdeur avait réussi à s'introduire dans la villa.
9. Elle a été trompée par une personne ...... elle avait toute confiance.
10. Désespéré, il ne trouvait dans la vie rien ...... il pût se raccrocher.

4. *Même exercice :*

1. Méfiez-vous ; c'est votre avenir ...... est en jeu !
2. Voilà un geste d'amitié ...... nous sommes particulièrement sensibles.
3. Ma mère est une femme ...... j'ai toujours trouvé un profond réconfort.
4. Ce n'est pas moi ...... accepterais une responsabilité pareille !
5. Voici un type d'architecture ...... on ne peut rien dire ni en bien ni en mal.
6. Il est difficile de déterminer la technique ...... les pyramides ont été construites.
7. Votre remarque est judicieuse ; c'est quelque chose ...... je n'avais pas songé.
8. Sous Louis XIV, la France comptait environ vingt millions d'habitants, ... 80 % de paysans.
9. *A la Recherche du Temps perdu* est une œuvre monumentale ...... Proust a consacré une grande partie de sa vie.
10. L'acteur et metteur en scène ...... fut Louis Jouvet exerça une profonde influence sur le théâtre de l'entre-deux-guerres.

5. *Même exercice :*

1. Un jour ...... il flânait à travers les rues de la ville, il rencontra une personne ...... allait changer le cours de son existence.
2. Quand on est crédule, les gens ...... on fait confiance sont ceux-là même ...... on devrait se méfier.
3. Une proposition indépendante est une proposition ...... ne dépend d'aucune autre et ...... aucune autre ne dépend.
4. Ce sont des principes ...... ils ont choisis et ...... ils sont attachés.
5. Les idées ...... j'adhère ne sont pas de celles ...... vous tiennent à cœur.
6. La recherche de la vérité est ce ...... tendent nos efforts et ce ...... nous combattons.
7. Voici une personne ...... on peut se demander si elle pourra surmonter les difficultés ...... elle devra faire face.
8. Ce ...... me plaît en lui, c'est la générosité ...... il sait manifester en toutes circonstances.
9. 500 francs, c'est ce ...... se monte toute ma fortune et tout ce ...... je puis vous proposer.
10. C'est un acteur ...... je n'avais jamais vu sur scène et ...... je ne savais pas qu'il pouvait être aussi émouvant.

6. Même exercice :

1. Je n'admets pas le ton ...... vous m'avez interpellé.
2. Je n'aime pas la manière ...... vous me traitez.
3. Le point ...... vous soulignez dans votre exposé ne nous a pas échappé.
4. Le point ...... vous insistez me paraît essentiel.
5. L'inexpérience ...... il a fait preuve lui a été fatale.
6. L'épidémie ...... se sont entretenus les médecins lors du congrès prend des proportions inquiétantes.
7. Le recueil de poèmes ...... traite votre article mériterait une plus large diffusion.
8. L'anecdote ...... a racontée le journaliste paraît invraisemblable.
9. La ville ...... il s'agit dans ce film est purement imaginaire.
10. On m'a prescrit un médicament ...... il ne faut pas abuser.

7. Même exercice :

1. C'est un homme ...... on se souvient.
2. C'est un homme ...... on se souvient qu'il a été naguère mêlé à divers scandales.
3. Il n'y a rien là ...... doive t'inquiéter.
4. Il n'y a rien là ...... tu doives t'inquiéter.
5. On annonce une série de concerts ...... je vous recommande vivement de ne pas manquer.
6. Voici un auteur ...... on rencontre des personnages hors du commun.
7. Il a réellement vécu les événements ...... son *Journal* fait allusion.
8. Les événements ...... il décrit dans ses *Mémoires* sont ceux ...... ses romans tirent leur substance.
9. C'est l'une des raisons ...... ses ouvrages ont tant de succès.
10. Le reproche ...... on a souvent entendu et ...... il aurait inventé l'histoire de toutes pièces, n'est pas fondé.

8. Compléter les phrases suivantes par la locution TOUT CE QUI convenablement accordée (TOUT CE QUE, TOUT CE À QUOI, TOUS CEUX DONT, TOUTES CELLES QUI, etc.) :

1. ...... brille n'est pas or.
2. Il a obtenu ...... il souhaitait sans bourse délier.
3. ...... le souhaiteront auront accès à leur dossier.
4. Un peu de calme, de tranquillité, c'est ...... j'aspire !
5. Voici un beaujolais qui est bien supérieur à ...... j'ai goûtés cette année.
6. Un matelas, quelques couvertures, des bougies, c'était ...... nous disposions.
7. Ces théories creuses, c'est ...... je m'insurge quotidiennement !
8. Quelques photos jaunies, c'est ...... il me reste de cette période bénie.
9. Il avait réuni tous ses amis, ... on l'avait entendu parler si souvent et que jamais il ne nous avait présentés.
10. La sélection des candidats était sévère : ...... et ...... ne présentaient pas exactement les qualités requises étaient impitoyablement refusés.

**9. Compléter les phrases suivantes par QUI LE, QUI L', QU'IL OU QUI IL :*

1. Il échappa rapidement à l'individu ...... menaçait.
2. Un gendarme a été blessé par l'ivrogne ...... tentait de maîtriser.
3. Voici une œuvre ...... est difficile d'apprécier hors de son contexte historique.

4. La confiance de mon père a été abusée par l'homme ...... avait convaincu de s'en remettre à lui.
5. Le milliardaire léguera ses biens à ...... voudra.
6. La question ...... nous reste à traiter en a déjà préoccupé plus d'un.
7. L'énigme ...... s'est employé à résoudre dépasse visiblement ses compétences.
8. Le pianiste ...... a accompagné lors de son récital vient d'obtenir un premier prix au Conservatoire de Paris.
9. Le dentiste ...... a choisi pour successeur a exercé dans ce même cabinet pendant quarante ans.
10. Le concurrent ...... a éliminé aujourd'hui est celui-là même ...... avait battu l'an dernier.

*10. Relier les propositions suivantes au moyen d'un pronom relatif :

1. Hâtons-nous de rentrer avant que l'orage n'éclate ; cela ne saurait tarder.
2. Le programme a été modifié au dernier moment — et cela nous ne l'avions pas prévu.
3. On demanda à Zola de défendre la cause du capitaine Dreyfus et il y consentit.
4. Il avait échoué : nous nous en sommes doutés en le voyant rentrer bouleversé.
5. Le jeune militaire était tenaillé par l'envie de fumer ; cela était interdit dans le compartiment.
6. A cause d'un différend qui l'opposait depuis des années à ses voisins, il alla consulter un avocat ; il aurait dû commencer par cela.
7. Il faut que vous m'aidiez ; sans cela je serai dans l'impossibilité de terminer ma traduction.
8. Il me rappela comment avait éclaté l'incident ; je ne me souvenais plus de cela.
9. Les randonneurs empruntèrent d'abord un sentier d'accès aisé ; après, ils durent s'attaquer à une paroi lisse et abrupte.
10. Il prit ses places de concert fort à l'avance : grâce à cela, il put éviter la bousculade des derniers jours de location.

*11. Relier les éléments suivants au moyen d'un pronom relatif (veiller à la ponctuation et à l'ordre des mots) :

Les touristes s'attardèrent dans la cathédrale / les vitraux les fascinaient.
→ *Les touristes, que les vitraux fascinaient, s'attardèrent dans la cathédrale.*

1. J'ai vu les deux versions du film / elles ne se valent d'ailleurs pas.
2. Les enfants ont de quatre à sept ans / ma sœur s'occupe d'eux.
3. Un obstacle surgit soudain / rien ne l'avait laissé prévoir.
4. Un visiteur fut introduit / personne ne le connaissait.
5. Ce jour-là, mon grand-père s'emporta violemment / rien ne le mettait jamais en colère.
6. On autorisa les enfants à quitter la table / le repas les ennuyait.
7. C'est un camarade d'école qui m'a appris à jouer aux échecs / je l'ai perdu de vue depuis longtemps.
8. Les spectateurs toussaient bruyamment / la chaleur les incommodait.
9. Les spectateurs n'ont pu profiter pleinement de la mise en scène / ils étaient assis au dernier balcon.
10. Le public a applaudi pendant de longues minutes le fantaisiste / il n'avait cessé de rire durant tout le spectacle.

12. Mettre le verbe entre parenthèses au mode et au temps qui conviennent :

1. Ce n'est certainement pas moi qui (s'abstenir) de voter s'il y avait une élection municipale.
2. Chacun déplore les inconvénients que (entraîner) la pollution.
3. C'est mon amie et moi qui (organiser) la soirée.
4. Nous sommes parvenus à un rond-point d'où (partir) huit avenues.

5. Elle avait revêtu un manteau gris sur lequel (trancher) son écharpe et ses gants rouges.
6. Ces chaises, ce n'est pas moi qui les (repeindre).
7. Vous êtes la seule personne pour qui je (consentir) à faire de tels sacrifices.
8. Ton frère et toi qui (connaître) la région, c'est vous qui (pouvoir) nous aider.
9. Il n'y a rien qui me (émouvoir) autant que ce trio de Schubert.
10. On nous demanda de choisir un restaurant qui (joindre) le confort du cadre à la qualité de la table.

13. Même exercice :

1. L'historien ne doit rien affirmer dont il (ne pas être certain).
2. On chercherait en vain une seule phrase de cet écrivain où il (se dire) pessimiste.
3. La France est le seul pays d'Europe qui (être ouvert) à la fois sur la mer du Nord et sur la Méditerranée.
4. C'est la première et la dernière fois que je (entreprendre) une telle démarche.
5. La chorégraphie de *Cendrillon* était la plus classique qui (être).
6. C'est finalement le dernier candidat de la liste qui (obtenir) le premier prix du concours.
7. C'est le maire le plus âgé qu'on (élire) jamais dans la commune.
8. C'est le conseiller municipal le plus âgé qui (élire) comme maire.
9. C'est bien vous qui me (avertir) le premier.
10. C'est bien vous le premier qui me (avertir).

14. Même exercice :

1. Il existe bien peu de musées parisiens que ce peintre (ne pas connaître).
2. Dans ce magasin, on ne m'a présenté aucun article qui (répondre) à mes goûts.
3. Il n'est rien qui (valoir) un bon repas en compagnie de bons amis.
4. Il n'est pire sourd que celui qui (ne pas vouloir) entendre.
5. Nous sommes à la recherche d'un appartement qui (jouir) d'une vue dégagée.
6. A force de chercher, ils découvrirent un appartement qui (jouir) d'une vue splendide.
7. C'est la réflexion la plus saugrenue qui (faire) durant ce colloque.
8. Je n'ai rencontré personne dont l'enthousiasme (être) plus communicatif.
9. Y a-t-il quelqu'un qui (détenir) la vérité ?
10. Celui qui (s'aventurer) sans guide dans ce dédale de ruelles risquerait fort de s'égarer.

15. Même exercice :

1. Envoyez-lui une lettre qui le (prévenir) du changement de programme.
2. Il a reçu une lettre qui le (prévenir) du changement de programme.
3. Cet opéra est peut-être le meilleur de ceux que Lully (composer).
4. C'est le seul passager qui (survivre) au naufrage.
5. Pourriez-vous m'indiquer un remède qui (guérir) cette toux opiniâtre ?
6. Je rêve de vacances qui (être) à la fois paisibles et revigorantes.
7. Il n'y a aucun dessert qui me (plaire) plus que les profiteroles au chocolat.
8. Peut-on imaginer un visage qui (traduire) mieux la mélancolie ?
9. L'ingénieur Eiffel a conçu une tour qui (scandaliser) ses contemporains.
10. Ce beffroi était l'unique monument du département qui (être) digne d'intérêt.

16. Même exercice :

1. Il n'a rien dit que je ne (savoir) déjà.
2. Pendant l'orage, nous avons cherché un endroit où (s'abriter).
3. Toute personne qui (franchir) cette grille sans autorisation serait poursuivie.
4. Elle s'enfuit comme un animal qu'on (effrayer).
5. Il me manquait un ami à qui (se confier).
6. Notre entreprise cherche à embaucher quelqu'un qui (savoir) parler japonais.
7. Notre entreprise a embauché quelqu'un qui (savoir) parler japonais.
8. Je doute que vous trouviez dans cette ville un kiosque où l'on (vendre) des journaux polonais.
9. J'ai enfin découvert un kiosque où l'on (vendre) des journaux polonais.
10. Trouvez une activité à laquelle (se consacrer) !

17. Compléter les phrases suivantes :

1. Dans la pénombre, l'individu a craqué une allumette qui (...).
2. Nous avons débouché sur un plateau d'où (...).
3. Elle se sentait saisie, clouée au sol par l'agressivité dont (...).
4. Naïf, il se laissait impressionner par le ton hautain sur lequel (...).
5. Le nez collé à la vitrine, le gamin dévorait des yeux les gâteaux que (...).
6. C'est une déconvenue à laquelle (...).
7. La jeune fille était bouleversée de la violence avec laquelle (...).
8. La flamme vacilla au moment où (...).
9. Je cherche un horloger qui (...).
10. Pour rien au monde, il n'aurait abandonné le combat que (...).

**18. Récrire les phrases suivantes de façon à supprimer la proposition subordonnée relative (à l'aide d'un nom ou d'un adjectif selon le cas) :*

Il m'a montré ce qu'il avait acheté la veille.
⟶ *Il m'a montré ses achats de la veille.*

1. J'ai une amie qui change souvent d'avis.
2. La police interrogea les passants qui avaient vu l'accident.
3. Mon père était un homme qui parlait peu.
4. J'ai trouvé un sac dans le métro et j'ai examiné ce qu'il contenait.
5. *Le Petit Prince* est une œuvre qui parut après la mort de son auteur.
6. Précisez ce qu'a voulu dire l'auteur de ce passage.
7. Expliquez ce que veut dire ce texte.
8. C'est une femme qui s'emporte facilement.
9. C'est une phrase qui permet deux interprétations.
10. Jugeons les gens d'après ce qu'ils font plutôt que d'après ce qu'ils disent.

**19. Remplacer la proposition subordonnée relative par un adjectif de même sens :*

A.
1. Un sourire auquel on ne peut pas résister.
2. Une réponse qu'on ne peut admettre.
3. Des parents qui comprennent tout.
4. Un homme qui n'éprouve aucune pitié.

5. Un homme politique qu'on ne peut corrompre.
6. Une attitude que l'on réprouve.
7. Un caractère qu'on ne peut fléchir.
8. Une personne qui se vexe facilement.
9. Un individu qui n'a rien à faire.
10. Une maladie qu'on ne peut guérir.

B. 1. Une eau que l'on peut boire.
2. Un fruit qu'on peut manger.
3. Un sommet qu'on peut atteindre.
4. Des jardins qui se touchent.
5. Une expression qui n'est plus utilisée.
6. Une anecdote qu'on ne peut croire.
7. Un billet de banque qui n'a plus cours.
8. Une difficulté qu'on ne peut résoudre.
9. Une disposition qui n'est pas conforme à la loi.
10. Une soif qu'on ne peut pas étancher.

20. Texte :

A. Relever les pronoms relatifs en précisant, pour chacun d'eux, l'antécédent.
B. Quel effet produit cette "cascade" de propositions relatives ?

Mais le lendemain matin ! — après qu'un domestique fut venu m'éveiller et m'apporter de l'eau chaude, et pendant que je faisais ma toilette et essayais vainement de trouver les affaires dont j'avais besoin dans ma malle d'où je ne tirais, pêle-mêle, que celles qui ne pouvaient me servir à rien, quelle joie, pensant déjà au plaisir du déjeuner et de la promenade, de voir dans la fenêtre et dans toutes les vitrines des bibliothèques, comme dans les hublots d'une cabine de navire, la mer nue, sans ombrages, et pourtant à l'ombre sur une moitié de son étendue que délimitait une ligne mince et mobile, et de suivre des yeux les flots qui s'élançaient l'un après l'autre comme des sauteurs sur un tremplin ! À tous moments, tenant à la main la serviette raide et empesée où était écrit le nom de l'Hôtel et avec laquelle je faisais d'inutiles efforts pour me sécher, je retournais près de la fenêtre jeter encore un regard sur ce vaste cirque éblouissant et montagneux et sur les sommets neigeux de ses vagues en pierre d'émeraude çà et là polie et translucide, lesquelles avec une placide violence et un froncement léonin laissaient s'accomplir et dévaler l'écroulement de leurs pentes auxquelles le soleil ajoutait un sourire sans visage.

Marcel Proust, *A l'Ombre des jeunes filles en fleurs* (1918).

21. Texte : *Montrer comment les propositions relatives animent cette description.*

Notre bateau est parti.
Je ne vois plus maintenant de l'île qu'une silhouette où sont piquées d'innombrables petites lumières, et qui diminue lentement, noire sur le ciel sans force. Les immenses figures de publicité se découpent au-dessus des maisons. Publicité des plus grandes sociétés qui, il y a un mois encore, dominaient la ville de tous leurs globes allumés. L'électricité devenue précieuse ne les anime plus, et les couleurs dont elles sont peintes disparaissent dans le soir. Un brusque tournant les remplace soudain par un pan nu de la côte montagneuse, rongée d'une herbe courte dont les taches déjà disparaissent dans la nuit.

André Malraux, *Les Conquérants* (1928).

Phrases d'auteurs :

- L'avion avait gagné d'un seul coup, à la seconde même où il émergeait, un calme qui semblait extraordinaire. *(Antoine de Saint-Exupéry)*

- Voici l'aurore, et ce froid qu'apporte le premier rayon. *(Jean Giraudoux)*

- Mouret salua ces dames, qu'il connaissait. *(Émile Zola)*

- En le voyant paraître, elle prit un air de méchanceté auquel il lui fut impossible de se méprendre. *(Stendhal).*

- Qui vit sans folie n'est pas si sage qu'il croit. *(La Rochefoucauld).*

- Il n'est pas de sentences, de maximes, d'aphorismes, dont on ne puisse écrire la contrepartie. *(Paul Léautaud)*

- L'école moderne de peinture me paraît la plus audacieuse qui ait jamais été. *(Guillaume Apollinaire).*

- Je ne voyais rien en lui de médiocre, rien qui donnât prise à la critique. *(Jean-Paul Sartre)*

- Il n'y a pas de jour où, rêvant à ce que j'ai été, je ne revoie en pensée le rocher sur lequel je suis né, la chambre où ma mère m'infligea la vie, la tempête dont le bruit berça mon premier sommeil, le frère infortuné qui me donna un nom que j'ai presque toujours traîné dans le malheur. *(Chateaubriand)*

- Les maisons de Paris avaient au Moyen Age un rez-de-chaussée en pierre de taille, que surmontaient des poutres de bois sur lesquelles prenait appui une charpente de poteaux de bois, verticaux et obliques, dite à colombages, dont les interstices étaient remplis par des moellons recouverts de ce plâtre de Paris qui donnait à la ville une blancheur que, depuis longtemps, elle ne connaît plus. *(Jacques Hillairet)*

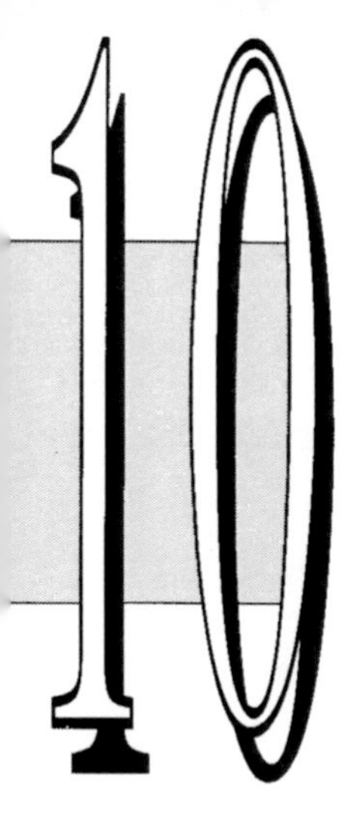

LA PROPOSITION SUBORDONNÉE COMPLÉTIVE

(introduite par la conjonction de subordination *QUE*, ou par *À CE QUE, DE CE QUE*).

Choix du mode et du temps de la subordonnée............. 1 à 9

Phrases à compléter .... 10 à 14

Inversion de la subordonnée 15

Exercices de liaison .... 16 - 17

Exercices de substitution : recherche de la subordonnée... 18

Exercices de substitution : transformations de la subordonnée...19 à 24

Textes d'auteurs .... 25 - 26

Phrases d'auteurs

1. *Mettre le verbe entre parenthèses au mode et au temps qui conviennent (plusieurs solutions sont parfois possibles) :*

1. Je crois que vous (avoir raison).
2. Je ne crois pas que vous (avoir raison).
3. Il est douteux qu'on (éclaircir) un jour ce mystère.
4. Il est indubitable que vous (obtenir) satisfaction.
5. Je trouve que vous (intervenir) hier à bon escient.
6. Je ne trouve pas que vous (intervenir) hier à bon escient.
7. Il était certain que l'on (parvenir) à dégager les spéléologues avant la nuit.
8. Il n'était pas certain que l'on (parvenir) à dégager les spéléologues avant la nuit.
9. Nous espérons tous que la situation (se rétablir).
10. Nous n'espérons plus que la situation (se rétablir).

2. *Même exercice :*

1. Ils estimèrent que le jeu (ne pas en valoir la chandelle).
2. Il jurait ses grands dieux qu'il (ne pas tremper) dans le complot.
3. Le médecin-légiste a certifié que le vieillard (décéder) de mort naturelle.
4. Les belligérants sont convenus que leur prochaine rencontre (avoir lieu) en pays neutre.
5. Elle a reconnu que son jugement (fausser) par les circonstances.
6. L'orateur soutenait que son parti (remporter) les élections.
7. Des haut-parleurs annoncèrent que des rabais exceptionnels (consentir) dans l'heure suivante.
8. Vous avez été pénalisé ? Avouez que vous le (chercher) bien !
9. Un arrêté municipal stipule que le stationnement désormais (interdire) dans cette voie sous peine d'amende.
10. Les services de sécurité de l'usine ont affirmé que tout danger maintenant (écarter).

3. *Même exercice :*

1. Si vous jugez bon que je le (faire), je le ferai.
2. L'opinion publique exige que l'on (entreprendre) une enquête approfondie sur ce scandale immobilier.
3. Le ministre de l'Intérieur a ordonné qu'il (être mis fin) aux fonctions du secrétaire indélicat.
4. Le metteur en scène préférait que la salle (rester) vide pendant les répétitions.
5. L'entraîneur souhaitait que l'athlète (ne pas s'inscrire) à toutes les compétitions prévues.
6. Des barrières empêchaient que la foule ne (envahir) les abords du stade.
7. J'aimerais que vous me (faire) parvenir le dossier en temps utile.
8. Le règlement de l'hôpital interdit que les malades (recevoir) des visites après 20 heures.
9. Le médecin a demandé qu'on lui (communiquer) les résultats des analyses.
10. L'archiviste a volontiers accepté que vous (prendre) connaissance de ces documents.

4. *Même exercice :*

1. Je suis contente que ces aquarelles vous (plaire).
2. Je ne suis pas fâché qu'il (prendre position) dans une affaire aussi délicate.
3. Je suis navré que vous (ne pas croire bon) de me prévenir de votre revirement.
4. Il est malheureux qu'elle (ne pas savoir) se taire !
5. Je regrette que tu (s'astreindre) à un travail aussi fastidieux.
6. Il est scandaleux qu'il (falloir) renoncer à cette entreprise.
7. Je suis surpris que vous (ne pas relever) les idées essentielles du texte.
8. Il est inacceptable que des gens (mourir) de faim.
9. Il est intolérable qu'on (devoir) en arriver à de telles extrémités.
10. L'expert a trouvé fâcheux qu'on le (ne pas consulter) avant la mise en vente des bibelots.

5. *Même exercice :*

1. Nous nous doutions qu'il (être) difficile, voire impossible, de fléchir nos adversaires.
2. Au vu des résultats de l'exercice écoulé, je doute que nous (faire) des bénéfices cette année.
3. Je ne doute pas que vous (donner) une suite favorable à ma demande.
4. Les spéculateurs redoutent que les cours de la Bourse ne (s'effondrer).
5. Nous sentions bien que rien ne les (faire) revenir sur leur décision.
6. Le vieil homme appréciait que l'on (s'adresser) à lui avec courtoisie.
7. Les membres de la commission se sont étonnés que l'ordre du jour (ne pas respecter).
8. Les étudiants déplorent que les installations sportives (situer) si loin de leur université.
9. La légende veut que le pont de Cahors (construire) par le diable.
10. On raconte que Louis XVII (ne pas mourir) dans la prison du Temple.

6. *Même exercice :*

1. En le voyant ralentir, j'ai compris qu'il (vouloir) s'arrêter.
2. Vu l'état de sa voiture, je comprends qu'il (vouloir) en changer.
3. Supposons que l'on (interdire) la circulation automobile dans le centre des villes : aurons-nous résolu le problème de la pollution ?
4. Je ne répète pas : je suppose que tout le monde (suivre) mon raisonnement.
5. Dites aux enfants qu'il (faire froid) dehors et qu'ils (prendre) leur manteau !
6. Le candidat a prétendu que l'examinateur (se montrer) trop sévère.
7. Le client impatient prétendait qu'on le (servir) immédiatement.
8. Il s'imaginait qu'il (pouvoir) réussir sans travailler.

9. Imaginez que vous (se heurter) à l'incompréhension de votre entourage ; comment vous (réagir) ?
10. Nous sommes compréhensifs, nous admettons que tu nous (ne pas prévenir) de tes absences mais admets que cette fois tu en (prendre) à ton aise !

7. Même exercice :

1. Nous tenions fermement à ce que la nouvelle (ne pas s'ébruiter).
2. Il faut se résigner à ce que de nombreuses traditions (disparaître).
3. L'Association de défense du patrimoine s'oppose à ce qu'on (démolir) l'enceinte de la vieille ville.
4. On s'attend à ce que le préfet de police (interdire) la manifestation.
5. La nouvelle municipalité veille à ce que les routes mieux (entretenir) par les services de voirie.
6. Les héritiers se sont finalement résolus à ce que les manuscrits de leur ancêtre (vendre aux enchères).
7. Les habitants du quartier en rénovation ont finalement consenti à ce qu'on les (reloger) loin du centre.
8. Le conseil d'administration de l'entreprise s'engagea à ce que les conditions de travail (améliorer).
9. Il s'habituait mal à ce qu'on le (tutoyer).
10. Il était peu disposé à ce qu'on (venir) enquêter chez lui.

**8. Même exercice :*

1. Le témoignage de l'ivrogne ne mérite guère qu'on en (tenir) compte.
2. Je ne nie pas qu'une faute (commettre), mais j'affirme que j'en (ne pas être responsable).
3. L'indiscrétion du journal laisse supposer que la prochaine conférence de presse du président (avoir lieu) avant la fin de l'année.
4. Je n'ai jamais vu qu'on (prendre) une telle liberté avec le règlement !
5. Il est rare que les conditions météorologiques (permettre) aux Parisiens d'apercevoir des étoiles filantes.
6. Je conçois que vous (être) d'un avis différent du nôtre, mais je ne comprends pas que vous le (défendre) avec une telle violence.
7. Le hasard a fait que la symphonie de ce compositeur (créer) le jour même de sa mort.
8. Le fait que vous me (poser) cette question prouve que vous (ne guère comprendre) mes explications !
9. Peu s'en fallut que le député sortant ne (réélire) dès le premier tour.
10. Les voisins du cabaret se sont plaints que le vacarme des noctambules (nuire) à leur tranquillité.

**9. Même exercice :*

1. Il est maintenant prouvé que l'accident (devoir) à une erreur d'aiguillage.
2. Il est vraisemblable que Thomas (essayer) de vous téléphoner avant de partir : je ne comprends pas que vous (ne pas encore avoir) de ses nouvelles.
3. Le fait qu'une civilisation (se développer) plus rapidement que d'autres ne signifie pas qu'elle leur (être) supérieure.
4. Il va sans dire que je vous (prêter main-forte) aussi souvent que vous le jugerez utile.
5. Passe encore que vous (s'absenter), mais je ne peux accepter que vous me (mentir) effrontément !
6. Il est invraisemblable que personne ne (s'apercevoir) de rien hier soir !
7. Force est de constater que nous (ne guère progresser) depuis notre dernière rencontre...

8. Tout laisse à penser que le premier ministre (être candidat) lors de la prochaine élection présidentielle.
9. Il s'en est fallu de peu que nous ne (manquer) la correspondance en gare de Grenoble !
10. Il serait opportun que nous (convenir) d'une attitude commune avant notre prochaine assemblée générale.

10. Compléter les phrases suivantes :

A.
1. Il semble que ....
2. Il lui semble que ......
3. Il nous semble évident que ......
4. Il me semble impossible que ......
5. J'estime que ......
6. J'estime indispensable que ......
7. Elle a jugé que ......
8. Elle a jugé inopportun que ......
9. Il paraît que ......
10. Il paraît utile que ......

B.
1. Il est vrai que ......
2. Il se peut que ......
3. Il est impensable que ......
4. Il est prévisible que ......
5. Il est regrettable que ......
6. Il est bon que ......
7. Il est hors de doute que ......
8. Il s'est avéré que ......
9. Il est juste que ......
10. Il est établi que ......

11. Compléter les phrases suivantes en utilisant le verbe indiqué entre parenthèses :

1. Il est probable que ...... (parvenir).
2. Il est peu probable que ...... (apercevoir).
3. Elle niait que ...... (vouloir).
4. Je ne nie pas que ...... (recevoir).
5. Je doute que ...... (se plaire).
6. Je ne doute pas que ...... (accueillir).
7. J'ignorais que ..... (interdire).
8. Vous n'ignorez pas que ...... (abolir).
9. Il est vraisemblable que ...... (envoyer).
10. Il est peu vraisemblable que ..... (s'éclaircir).

12. Compléter les phrases suivantes :

1. Il aurait été possible que	Il aurait été possible de ......
2. Il arrive que	Il nous arrive de ......
3. Il serait naturel que	Il serait naturel de ......
4. Il suffirait que	Il suffirait de ......
5. Il est grand temps que	Il est grand temps de ......
6. Il est question que	Il est question de ......
7. Il est courant que	Il est courant de ......
8. Il est inconcevable que	Il est inconcevable de ......
9. Il aurait fallu que	Il aurait fallu ......
10. Il vaudrait mieux que	Il vaudrait mieux ...

**13. Commencer les phrases par une tournure impersonnelle chaque fois différente (Il est sûr, Il est étonnant, etc.) :*

1. ......que notre demande n'ait pas été prise en considération.
2. ......qu'elle comprît tout à demi-mot.
3. ......que tu ne saches jamais ce qu'il faut dire en pareil cas.

4. ......qu'elle ait attendu si longtemps avant de consulter le médecin.
5. ......qu'il ne détient pas la vérité.
6. ......que certains parents soient si sévères avec leurs enfants.
7. ......que ses amis aient pu avoir des soupçons sur son honnêteté.
8. ......que vous n'ayez pas reçu notre message à temps.
9. ......qu'ils ne viendront plus.
10. ......que vous ayez agi avec une telle désinvolture !

*14. Compléter les phrases suivantes :

1. Vous voulez préparer une thèse de doctorat sur Molière : cela implique que ....
2. Le destinataire de la lettre recommandée était absent : cela explique que ......
3. On vient de publier une nouvelle traduction de *La Divine Comédie* ; cela prouve que ......
4. L'autoroute ne sera pas mise en service avant deux ans : cela signifie que ......
5. Un accord de coopération a été signé entre les deux principaux fabricants de produits chimiques d'Europe. Cela exige que ......
6. Le prochain tir de la fusée est prévu pour le mois de juin : cela suppose que ....
7. L'enfant peut désormais tenir seul une conversation téléphonique ; cela montre que ......
8. Selon les différentes compagnies aériennes, les tarifs des vols entre Paris et New York varient du simple au double. Cela mérite que ......
9. Les grèves des services publics se sont multipliées ces derniers temps : cela justifierait que ......
10. La réputation de ce médecin est grande ; cela ne prouve pas que ......

15. Mettre en relief la proposition subordonnée :

Je suis certain qu'il viendra.
→ *Qu'il vienne, j'en suis certain.*

A. 1. Je comprends que tu te sois révolté.
2. Nous sommes convaincus qu'il pourra réussir.
3. Je reconnais que mon raisonnement est spécieux.
4. Je ne m'attendais pas à ce que mes démarches aboutissent si vite.
5. Il est notoire que les clauses du traité n'ont pas été respectées.

Rétablir l'ordre habituel des propositions :

Qu'il ait tort, j'en suis persuadé.
→ *Je suis persuadé qu'il a tort.*

B. 1. Que vous vous soyez affolé pour si peu, j'en suis surprise.
2. Que cette guerre finisse bientôt, tout le monde l'espère.
3. Que tu sois précis dans ton travail, j'y tiens.
4. Que la toiture doive être remise en état, nous en convenons.
5. Que tout être ait droit à la liberté, c'est évident.

16. Récrire les phrases suivantes en utilisant, selon le cas, un infinitif ou une proposition subordonnée (les deux constructions sont parfois possibles) :

1. Vous avez dû quitter la représentation ; je le déplore.
→ *Je déplore que vous ayez dû quitter la représentation.*

2) J'ai dû quitter la représentation ; je le déplore.
⟶ *Je déplore d'avoir dû quitter la représentation.*

A. 1. Alain part ; j'en suis ravi.
2. Je pars ; j'en suis ravi.
3. Jean s'est trompé ; je l'admets.
4. Je me suis trompé ; je l'admets.
5. Il réussira ; je le lui ai assuré.
6. Mon père m'emmènera au concert ; il me l'a promis.
7. Je lui apporterai mon aide ; je le lui ai confirmé.
8. Cet homme vaincra ; il le sait.
9. Il a participé à la réunion ; il le dément.
10. Aura-t-il gain de cause ? Il l'espère.

B. 1. Vous n'avez pas daigné m'écouter ; je le regrette.
2. Je me suis laissé aller à des confidences ; je le regrette.
3. Il avait frôlé la mort ; il n'en était pas conscient.
4. Le receleur avait dissimulé le tableau ; il l'a avoué.
5. Je suis d'un naturel nonchalant ; je le reconnais.
6. Nous utiliserons son magnétoscope ; il nous l'a permis.
7. Allez voir l'exposition Degas ; je vous le recommande.
8. J'ai manqué d'à-propos ; j'en suis désolé.
9. Vous n'avez pas assisté au dernier récital de la Callas à Paris ; j'en suis navré.
10. Les passagers ne fumaient pas ; on ne les y avait pas encore autorisés.

*17. Même exercice :

1. Il faiblissait, il le sentait.
2. Il prenait un malin plaisir à nous contredire, on le voyait bien.
3. M'a-t-on jamais averti de l'incident ? Je ne m'en souviens pas.
4. J'ai vu jadis cette opérette au Théâtre du Châtelet, je me le rappelle.
5. Je vous ai le premier annoncé la bonne nouvelle ; j'en suis fier.
6. Devant l'obstacle, on réagit selon sa personnalité : c'est naturel.
7. Le directeur de l'agence avait-il connaissance de ces malversations ? Ce ne sera pas facile à prouver.
8. Va-t-on émettre un nouveau timbre à l'effigie de Jeanne d'Arc ? Il en est question.
9. Voir tant d'efforts ruinés en un instant, cela est décourageant !
10. Que personne ne s'avise de troubler la cérémonie ! Ce serait déplaisant !

18. Remplacer le groupe nominal en italique par une proposition subordonnée complétive :

1. Le médecin nous assura *de la guérison rapide du malade.*
2. Les clients furent très étonnés *de la suppression du rayon de sport.*
3. Tout le monde était surpris *de la lenteur des négociations.*
4. On s'attend *à une rapide intervention de l'armée.*
5. On était certain *de la chute prochaine du gouvernement.*
6. Les élus locaux ont longtemps réclamé *la création d'une université dans leur région.*
7. Les pouvoirs publics déplorent *les nombreuses infractions des automobilistes au code de la route.*
8. Les fils de l'écrivain se sont opposés *à la publication du journal de leur père.*
9. Les scientifiques ont constaté *une diminution inquiétante de la couche d'ozone au-dessus des pôles.*
10. Le propriétaire a accepté sans difficulté *la prorogation du bail.*

19. Remplacer la proposition subordonnée en italique par un groupe nominal :

1. En 1789, le Tiers-État souhaitait *que les privilèges soient abolis.*
2. On craint *que les hostilités ne reprennent à la frontière sud du pays.*
3. Le ministre des Finances a proposé *qu'on réduise la T.V.A. de 3 % sur les livres et les disques.*
4. Il faut craindre *que la crise financière ne se répercute à court terme sur l'économie du pays.*
5. Le juge d'instruction souhaite *que les témoins soient de nouveau confrontés.*
6. Le gouvernement vient de décider *que l'on émettrait un nouvel emprunt.*
7. On annonce *qu'un nouveau quotidien paraîtra le 15 novembre.*
8. Le créancier intraitable exige *qu'on le paie immédiatement.*
9. L'opposition regrette *que le premier ministre ait atermoyé dans cette affaire d'espionnage.*
10. L'action rapide de l'armée évita *que la province tout entière ne s'insurgeât.*

****20. Remplacer la proposition subordonnée en italique par un groupe nominal de sens équivalent en apportant toutes les modifications nécessaires :***

1. Les parents se désolent souvent *que leurs enfants ne sachent rien.*
2. Je ne supporte plus *que ma cousine se plaigne à tout propos.*
3. Le professeur s'étonnait *que l'étudiant ne répondît rien à ses questions.*
4. Dans son orgueil, elle refuse avec force *que ses amis la plaignent.*
5. Nul ne conteste *que le boxeur ait été vaincu et bien vaincu.*
6. Le dictateur ordonna *qu'on expulsât les principaux opposants.*
7. Tu te crois incapable de surmonter cette épreuve mais je suis convaincu *qu'il n'en est rien.*
8. Le chirurgien décida *qu'on enlèverait l'organe malade.*
9. La gravité de la situation a exigé *que le chef de l'État regagne précipitamment la capitale.*
10. Tout le monde reconnaît *que Balzac l'emporte sur Eugène Sue.*

21. Remplacer le groupe de mots en italique par un groupe nominal ; apporter les modifications nécessaires :

Il est certain *que je partirai pour Londres.*
⟶ *Mon départ pour Londres est certain.*

A. 1. Il est prévisible *que notre parti reviendra au pouvoir.*
2. Il est indéniable *que cette politique a échoué.*
3. Il est évident *que cet homme est coupable.*
4. Il serait souhaitable *que la réunion soit reportée.*
5. Il a été décidé *que le prévenu comparaîtrait devant le juge le 19 octobre.*

B. 1. Il est inadmissible *de gaspiller* l'eau en période de sécheresse.
2. Il est difficile *de régler* ce mécanisme.
3. Il est absolument indispensable *d'insérer* cette annonce dans le journal local.
4. En temps de guerre, il est obligatoire *d'éteindre* les lumières pendant les alertes.
5. Il fut impossible *d'assiéger* la citadelle.

22. Remplacer la proposition subordonnée complétive en italique par un groupe verbal à l'infinitif :

1. Les voisins affirment *qu'ils n'ont rien vu, rien entendu.*
2. Que faudra-t-il *que je fasse* ?
3. Je vous promets *que j'interviendrai en votre faveur.*

4. Les syndicats ont demandé *que le ministre les reçoive au plus tôt.*
5. Je crains *que sa réponse ne me déçoive.*
6. J'avoue *que j'ai été stupéfiée par votre réaction.*
7. Il prétend *qu'il ne comprend pas le français.*
8. Elle espérait *que ses amis la réconforteraient.*
9. Êtes-vous certain *que vous résoudrez toutes vos difficultés* ?
10. Il se rappelait *qu'il avait déjà vu ce tableau dans un musée italien.*

23. Remplacer le groupe de mots en italique par un groupe nominal ; apporter les modifications nécessaires :

1. Il est intolérable *qu'on pollue l'eau des rivières.*
2. Il est interdit *de mendier sur la voie publique.*
3. Il est urgent *de refaire ce plancher.*
4. Il est peu onéreux *de s'abonner à cette revue.*
5. Il est malaisé *de sauvegarder efficacement le patrimoine.*
6. Il est fâcheux *que l'on me confonde avec mon frère.*
7. Il est vain *de comparer deux poètes aussi dissemblables.*
8. Avant d'entrer dans la vie professionnelle, il est préférable *d'obtenir un diplôme.*
9. Il est exclu *d'interrompre la séance.*
10. Il paraît hasardeux *d'attribuer ce tableau à Chardin.*

*24. Remplacer la proposition subordonnée complétive par une tournure équivalente (groupe nominal, adjectif, infinitif) :

1. Il arrive qu'elle s'attarde avec nous jusqu'au dîner.
2. Les volcanologues ont conclu qu'il n'y avait aucun danger.
3. Les experts jugent qu'il sera inévitable d'augmenter les cotisations sociales.
4. Le ministre a décidé qu'il ne ferait aucun commentaire.
5. Je m'étonne que vous lisiez ce genre de romans !
6. Tous les témoins étaient dignes qu'on les crût.
7. Les téléspectateurs souhaiteraient qu'on diversifie davantage les programmes.
8. Ce poème ésotérique demande qu'on le lise et le relise attentivement.
9. On avait quelques raisons de croire que l'individu n'était pas innocent.
10. Il n'aurait pas fallu que ce crime restât impuni.

25. Texte : *Justifier l'emploi des modes dans les propositions complétives. Quel sens donner au verbe "dire" ?*

Dès qu'on fut de retour à la ville, le mariage se conclut. Au bout d'un mois, la Barbe-Bleue dit à sa femme qu'il était obligé de faire un voyage en province, de six semaines au moins, pour une affaire de conséquence ; qu'il la priait de se bien divertir pendant son absence ; qu'elle fît venir ses bonnes amies ; qu'elle les menât à la campagne, si elle voulait ; que partout elle fît bonne chère.

Charles Perrault, *Contes de ma mère l'Oye* (1697)

26. Texte : *Quelle est la seule proposition complétive de ce texte qui ne serve pas à rapporter un discours ? Identifier le mode du verbe de cette proposition.*

Raymond m'a téléphoné au bureau. Il m'a dit qu'un de ses amis (il lui avait parlé de moi) m'invitait à passer la journée de dimanche dans son cabanon, près d'Alger. J'ai répondu que je le voulais bien, mais que j'avais promis ma journée à une amie. Raymond m'a tout de suite déclaré qu'il l'invitait aussi. La femme de son ami serait très contente de ne pas être seule au milieu d'un groupe d'hommes.
J'ai voulu raccrocher tout de suite parce que je sais que le patron n'aime pas qu'on nous téléphone de la ville. Mais Raymond m'a demandé d'attendre et il m'a dit qu'il aurait pu me transmettre cette invitation le soir, mais qu'il voulait m'avertir d'autre chose.

Albert Camus, *L'Étranger* (1942).

Phrases d'auteurs

■ Je sens que je suis libre mais je sais que je ne le suis pas. *(Cioran)*

■ Je suis sûr qu'il vous est arrivé de souhaiter une autre vie. *(Albert Camus)*

■ J'espère que grâce à vos indications, nous allons voir enfin la vérité toute nue. *(Jean Giraudoux)*

■ Il était évident qu'elle avait honte d'une alliance aussi médiocre. *(François Mauriac)*

■ Il lui sembla qu'elle était traquée dans ce coin de la chambre et qu'elle ne pourrait plus regagner son lit. *(Julien Green)*

■ Il semble bien que l'espoir n'appartienne qu'aux humains. *(André Malraux)*

■ Pourquoi penses-tu que je t'aie amené ici ?*(Julien Gracq)*

■ J'étais jeune alors ; je pensais toujours au pays et je ne croyais pas qu'il y eût de jolies filles sans jupes bleues et sans nattes tombant sur les épaules. *(Prosper Mérimée)*

■ Crois-tu que quelqu'un qui aurait un peu d'expérience et de jugement se serait conduit comme toi ? *(Fernando Arrabal)*

■ Est-ce que tu t'imagines qu'on peut gouverner innocemment ?*(Jean-Paul Sartre)*

■ Coupeau, lui aussi, ne comprenait pas qu'on pût avaler de pleins verres d'eau-de-vie. *(Émile Zola).*

■ Je conçois qu'une femme riche ait fait vivre et vivre honorablement Rastignac ; mais où a-t-il pris sa fortune ? demanda Couture. *(Honoré de Balzac)*

■ Moi qui vous parle, admettons que j'aie été du conseil et que j'aie su que Dreyfus était innocent... Eh bien, Monsieur, sans hésiter, pour le bien de la patrie, je l'aurais fait fusiller comme un chien. *(Roger Martin du Gard)*

■ Il arrive que l'on fasse un rêve. On s'y prend, on y croit, on l'aime. Le matin, en ouvrant les yeux, deux mondes s'entremêlent encore. *(Eugène Ionesco)*

■ J'avais hâte que le jour, le soleil se levât. *(Georges Bataille)*

■ Après son départ, la patronne augmenta le volume de la radio. Quelques hommes se plaignirent qu'elle fût trop forte à leur gré. *(Marguerite Duras)*

■ Il trouve anormal qu'on croie aux spectres. *(Jean Giraudoux)*

■ Il suffit que la télévision ait montré une courte séquence du championnat du monde du demi-fond et ma vieille passion pour ce sport aujourd'hui agonisant remue de nouveau en moi [...]. *(Julien Gracq)*

■ Il n'est pas indifférent que le peuple soit éclairé. *(Montesquieu)*

■ Que cette attitude fût douloureuse à Kyo, il le savait. *(André Malraux)*

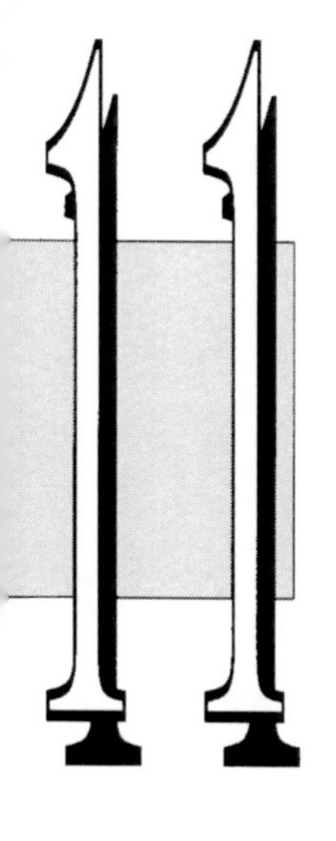

DISCOURS DIRECT ET DISCOURS INDIRECT

Exercices de transposition au discours indirect .... 1 à 9

Exercices de transposition au discours direct .... 10 - 11

Textes d'auteurs .... 12 à 14

1. Mettre les phrases suivantes au discours indirect :

1. «J'ai traversé la Manche à la nage», prétendait-il.
2. «D'où vous vient cette certitude ? » demanda-t-on au journaliste.
3. Un écriteau annonçait : «La séance ne commencera qu'à 21 heures.»
4. «Voulez-vous patienter quelques minutes ?» nous demanda l'huissier.
5. «Ne te laisse pas aller à tes penchants», lui conseilla-t-elle.
6. «Autrefois, dit en grommelant le vieillard, les automobiles s'arrêtaient pour laisser passer les piétons».
7. On lit sur les billets de banque : «Tout contrevenant sera poursuivi.»
8. «Ne te mêle pas de mes affaires», me cria-t-il.
9. «Votre candidature, a-t-il précisé, sera examinée ultérieurement.»
10. «Je suis bien où je suis et j'y reste», affirma le voyageur.

2. Relier les deux propositions de manière à obtenir une phrase complexe

Quelle est l'étymologie de votre nom ? Apprenez-le-nous.
→ *Apprenez-nous quelle est l'étymologie de votre nom.*

1. M'aimes-tu ? Jure-le-moi.
2. Qui est-ce qui t'a offert ce bijou ? Avoue-le-moi.
3. Qu'est-ce qui vous intéresse ? Indiquez-le-moi.
4. Pourquoi n'accepterait-il pas ma proposition ? Expliquez-le-moi.
5. Que signifiait cette attitude hostile ? Elle se le demandait.
6. Que s'était-il passé ? Je l'ignorais.
7. Qui est-ce que tu comptes inviter ? Précise-le-nous.
8. Qu'est-ce que tu penses de ce cognac ? Dis-le-moi.
9. Est-ce que nous nous reverrions jamais ? Nous nous le demandions.
10. Se souviennent-ils de leur promesse ? Tâchez de le savoir.

3. *Mettre ces phrases au discours indirect en variant les situations et les verbes introducteurs (ces verbes seront au passé) :*

Prenez plutôt l'autobus !
⟶ *Le Parisien conseilla au touriste de prendre plutôt l'autobus.*

1. Avez-vous réservé votre place ?
2. Je suis venu aussi vite que je l'ai pu !
3. Vous pouvez partir tranquilles.
4. Vous souvenez-vous de votre promesse ?
5. Les résultats de l'analyse seront disponibles demain soir.
6. Oui, c'est bien moi qui vous ai convoqué.
7. Tu m'as rendu un fier service en me téléphonant !
8. Comment ! Vous n'êtes pas encore partis ?
9. Messieurs les jurés, mon client n'a pas à prouver son innocence !
10. Le temps sera maussade sur la majeure partie de la France aujourd'hui.

4. *Même exercice :*

1. Prenez votre livre de géométrie !
2. Combien en voulez-vous ? Un kilo ?
3. La responsabilité du conducteur n'est pas engagée.
4. Nous avons largement atteint notre objectif.
5. Gardez la chambre et ne commettez pas d'imprudence !
6. N'est-ce pas vous que j'ai vu hier devant la Sorbonne ?
7. Le boulevard périphérique sera fermé de minuit à cinq heures du matin.
8. Dégagez le carrefour !
9. Le ministre des Finances serait gravement malade.
10. Tout abus sera puni.

*5. *Chercher comment relier les éléments suivants en faisant les transformations nécessaires :*

1. L'auteur de l'article pose la question / le théâtre est-il supérieur au cinéma ?
2. On nous a donné des instructions / comment faut-il utiliser cet instrument ?
3. Il faut s'interroger / est-il opportun de se réunir ce mois-ci ?
4. Tout le monde réfléchit / comment éviter à l'avenir une pareille catastrophe ?
5. La question est / l'affaire est-elle rentable ?
6. Dans ce livre, il est difficile de déterminer / quelle est la part de la fiction ?
7. Nous devons nous interroger / comment mettre fin à ces abus ?
8. Ce nouvel accident pose la question / le chirurgien est-il responsable en pareil cas ?
9. Les deux parties devront s'interroger / d'où provient ce malentendu ?
10. Le tribunal devra déterminer / à combien s'élèveront les dédommagements versés aux victimes ?

6. *Transposer le texte suivant au discours indirect :*

Au cours de la réunion électorale, le candidat expliqua : «Je ne vous cacherai pas que la situation est complexe. Le pays subit une crise grave. À quoi servirait de vous dissimuler la vérité ? À quoi bon vous leurrer par de fallacieuses promesses ? Je vous demande de m'accorder votre confiance. Je vous promets que je ferai de mon mieux mais je ne détiens pas de solution miraculeuse.»

7. Transposer le passage suivant au discours indirect en commençant par :
a) Paul m'a écrit ......
b) Paul a écrit à Virginie ...

«Après ces quelques semaines passées en votre compagnie, il m'est difficile de comprendre vos sentiments à mon égard. Parfois j'imagine que je ne vous suis pas indifférent ; à d'autres moments, j'ai l'impression que vous souhaiteriez me voir partir et je crains de vous déplaire. Aussi ai-je pris la résolution de m'éloigner, de mettre entre nous une distance nécessaire. Je souffre trop. Pourquoi me torturer davantage ?»

**8. Transposer le passage suivant au discours indirect en commençant par : Mon amie Anne m'a écrit de Chamonix...*

«Partie hier matin de la ville, je suis arrivée ici le soir même. Quelle joie de me retrouver dans ce paysage si cher à mon cœur ! Je voudrais que vous compreniez mon bonheur à me voir enfin libérée de mes soucis. Je respire, je contemple la nature, je vais, je viens, je parcours les alpages ; je ne sais comment vous exprimer tout ce que je ressens. Pourquoi ne vous décidez-vous pas à venir me retrouver ? Allez ! Secouez votre torpeur ! Prenez le train qui vous amènera près de moi en quelques heures et venez me rejoindre. Je vous le demande. Ne résistez plus ! Vous ne le regretterez pas.»

**9. Transposer le passage suivant au discours indirect :*

Le metteur en scène donna ses indications à l'actrice qui jouait le rôle de Phèdre :
- Phèdre doit entrer en scène avec la lenteur d'une somnambule. As-tu compris ? Ralentis ! Ne te précipite pas comme si tu avais le diable aux trousses ! Traverse la scène en diagonale, arrête-toi et là, sans regarder personne, tu commences ta tirade : «Quelle importune main...»
- C'est bien, oui, mais ta voix est trop plaintive ! Recommence. Non, non, ce n'est pas cela ! Phèdre ne cherche pas à attirer notre pitié ! Pourquoi t'interromps-tu ? Tu ne connais pas ton texte ? Je t'ai répété cent fois qu'il fallait que tu viennes en sachant ton texte ! Tu nous fais perdre notre temps !

10. Transposer le texte suivant au discours direct :

Mon oncle m'a demandé ce que je faisais, où je courais et si j'avais pensé à l'inquiétude de mes parents quand ils me voyaient m'agiter de la sorte. Il m'a supplié de reprendre mes esprits et de songer que le lendemain j'aurais besoin de toutes mes forces et de tout mon calme.

11. Même exercice :

En entrant dans la galerie, elle déclara que les tableaux présentés lui plaisaient beaucoup. Elle regrettait de n'être pas venue plus tôt. Je lui demandai pourquoi elle ne l'avait pas fait puisqu'elle en avait tout le loisir. Elle répondit qu'elle avait été très occupée ces derniers temps. Il lui avait été impossible de se libérer ; elle le déplorait.
J'ajoutai que c'était vraiment une des plus belles expositions que j'aie vues jusque-là ; il était dommage qu'elle se termine bientôt car j'aurais aimé revenir plusieurs fois.
Elle m'approuva.

12. Texte : *Résumer le contenu de cette lettre au style indirect.*

San Francisco,
Hôtel Stewart,
19 mai 1921.

Mère chérie,
Rien de vous dans mon courrier.
Le Consul me confirme qu'on me cherche partout et qu'un télégramme des Affaires étrangères m'attend à l'Ambassade avec du courrier officiel.
Je dois donc filer d'urgence sur Washington, après quoi, sans doute, sur New York, pour prendre le premier paquebot français. Je vous télégraphierai de New York la date de mon embarquement. Par votre cousin John Dal Piaz, Directeur général de la "Transat", vous n'aurez pas de peine à connaître la date et l'heure exacte d'arrivée à Paris du train de correspondance. Que mon beau-frère vienne seul à la gare m'embrasser et me donner, d'homme à homme, de vos premières nouvelles à tous.
Je ne sais quelle vie m'attend à Paris. J'aurai peut-être à y combattre. J'y lutterai avec les armes que j'ai et saurai suppléer à celles que je n'ai pas. Je connais maintenant le marché des hommes et la vie m'a durci. Ma plus grande force, personne ne s'en doute, est d'ailleurs dans mon détachement secret et dans mon manque total d'ambition — contrairement à tout ce que l'on pense et que l'on pensera toujours de moi. Ne vous faites donc pas de souci pour mon avenir : la vie me comblera toujours, malgré moi, de tout ce que je ne lui demande pas. C'est la règle en ce monde.
Pour vous, j'ai hâte d'étudier les bases d'un meilleur arrangement de vos ressources familiales. L'important, pour l'instant, est l'union de nos cinq cœurs.
Je vous embrasse, ma chère Mère, avec une profonde émotion.
Votre grand fils. A.

Saint-John Perse, *Correspondance.*

13. Texte : *Résumer le contenu de cette lettre au style indirect.*

[Juby, 1928]

Ma petite maman,
Nous avons fait tous ces temps-ci des choses magnifiques : rechercher des camarades perdus, sauvetage d'avion, etc..., je n'ai jamais tant atterri ni dormi dans le Sahara, ni entendu de balles siffler.
J'espère toujours revenir en septembre mais j'ai un camarade prisonnier, et c'est mon *devoir* de rester tant qu'il est en danger. Il se peut que je serve encore à quelque chose.
Pourtant, parfois je rêve d'une existence où il y a une nappe, des fruits, des promenades sous les tilleuls, peut-être une femme, où l'on salue aimablement les gens quand on les rencontre au lieu de leur tirer dessus, où l'on ne se perd pas à deux cents à l'heure dans la brume, où l'on marche sur un gravier blanc au lieu d'un éternel sable.
Tout ça, c'est si loin !
Je vous embrasse tendrement,
Antoine

Antoine de Saint-Exupéry, *Correspondance.*

14. Texte : *Distinguer les passages au style direct, et au style indirect libre.*

- Monsieur Baudu ? demanda Denise, en se décidant enfin à s'adresser au gros homme, qui les regardait toujours, surpris de leurs allures.
- C'est moi, répondit-il.

Alors, Denise rougit fortement et balbutia :

- Ah ! tant mieux ! ... Je suis Denise, et voici Jean, et voici Pépé... Vous voyez, nous sommes venus, mon oncle.

Baudu parut frappé de stupéfaction. Ses gros yeux rouges vacillaient dans sa face jaune, ses paroles lentes s'embarrassaient. Il était évidemment à mille lieues de cette famille qui lui tombait sur les épaules.

- Comment ! comment ! vous voilà ! répéta-t-il à plusieurs reprises. Mais vous étiez à Valognes ! ... Pourquoi n'êtes-vous pas à Valognes ?

De sa voix douce, un peu tremblante, elle dut lui donner des explications. Après la mort de leur père, qui avait mangé jusqu'au dernier sou dans sa teinturerie, elle était restée la mère des deux enfants. Ce qu'elle gagnait chez Cornaille ne suffisait point à les nourrir tous les trois. Jean travaillait bien chez un ébéniste, un réparateur de meubles anciens ; mais il ne touchait pas un sou. Pourtant, il prenait goût aux vieilleries, il taillait des figures dans du bois ; même, un jour, ayant découvert un morceau d'ivoire, il s'était amusé à faire une tête, qu'un monsieur de passage avait vue ; et justement, c'était ce monsieur qui les avait décidés à quitter Valognes, en trouvant à Paris une place pour Jean, chez un ivoirier.

- Vous comprenez, mon oncle, Jean entrera dès demain en apprentissage, chez son nouveau patron. On ne me demande pas d'argent, il sera logé et nourri... Alors, j'ai pensé que Pépé et moi, nous nous tirerions toujours d'affaire. Nous ne pouvons pas être plus malheureux qu'à Valognes.

Émile Zola, *Au Bonheur des Dames*(1883).

L'EXPRESSION DU TEMPS

Choix du mode et du temps de la subordonnée......... 1 à 7

Choix de la conjonction ou de la préposition............ 8 à 11

Exercices de substitution : recherche de la subordonnée .... 12 - 13

Exercices de substitution : transformations de la subordonnée .... 14 - 15

Exercice de transformation.. 16

Exercices de liaison .... 17 - 18

Exercices de vocabulaire .... 19 à 22

Texte d'auteur.. 23

Phrases d'auteurs

1. Mettre le verbe entre parenthèses au mode et au temps qui conviennent :

1. Je vous expliquerai la situation quand vous (être) à même de la comprendre.
2. Dans l'ancienne Égypte, quand un chat (mourir), on l'embaumait.
3. L'assemblée délibérait quand une explosion (ébranler) la salle.
4. La mère poussa un cri quand elle (voir) son fils enjamber la balustrade.
5. Ce soir-là, lorsque la nuit (tomber), il sentit la tristesse l'envahir.
6. Tous les soirs, lorsque la nuit (tomber), il sentait la tristesse l'envahir.
7. Au printemps, lorsqu'ils (commencer) à voleter, les jeunes oiseaux deviennent la proie d'autres espèces.
8. Comme elle (s'apprêter) à sortir de chez elle, elle sentit une odeur de brûlé qui la fit revenir sur ses pas.
9. Au moment où le cortège (franchir) le seuil de l'église, les cloches se mirent à carillonner.
10. Les pompiers sont arrivés sur les lieux du sinistre comme les flammes (atteindre) déjà le troisième étage.

2. Même exercice :

1. Dès que les beaux jours (revenir), les hirondelles regagneront nos contrées.
2. Aussitôt que nous (avoir vent) de l'affaire, nous avons modifié nos plans.
3. Dès que les alpinistes (dépasser) l'arête neigeuse, ils se trouvèrent face à un impressionnant paysage de rocs et de glaciers.
4. Aussi longtemps qu'il (pouvoir) voir le train, il agita son mouchoir.
5. Le médecin a interdit au blessé de se lever tant que sa plaie (ne pas être) entièrement cicatrisée.
6. Tant que vous (ne pas s'astreindre) à un travail régulier, vous ne pourrez pas améliorer votre situation.

7. À mesure que l'on (approcher) du cratère du volcan, la chaleur s'intensifie.
8. Au fur et à mesure que les grimpeurs (s'éloigner) de la vallée, les bruits familiers s'estompaient.
9. Chaque fois que la colère (s'emparer) de lui, son front se plissait, ses mâchoires se crispaient.
10. Toutes les fois qu'il (se lancer) dans une aventure, ses tentatives ont mal tourné.

3. Même exercice :

1. Tandis que leurs maris (discuter) dans les cafés, les femmes s'activaient à la maison.
2. Maintenant que je (connaître) son histoire, je le respecte davantage.
3. Alors que les promeneurs (gravir) les pentes des alpages, ils entendaient tinter les sonnailles des troupeaux.
4. A présent qu'ils (se retrouver) seuls, ils supportent moins bien d'être loin de la ville.
5. Pendant qu'ils (seller) les chevaux, elles préparaient les provisions de route.
6. Depuis qu'il (acheter) un magnétoscope, il n'allait plus au cinéma.
7. Son accent s'est amélioré depuis qu'il (effectuer) un séjour en Grande-Bretagne.
8. Depuis qu'il (vivre) à l'étranger, nous avons perdu tout contact avec lui.
9. Alors que je (se tourmenter) à ton sujet, tu riais...
10. Les hommes se mirent en route tandis que les dernières étoiles (s'éteindre).

**4. Même exercice :*

1. Dès qu'on (ouvrir) les portes, les spectateurs s'engouffrèrent dans la salle.
2. Aussitôt que le piéton (s'engager) sur la chaussée, il fut heurté par une voiture.
3. Sitôt que l'accident (se produire), une foule de badauds s'assembla.
4. Quand le cultivateur (répandre) l'engrais dans le champ, une forte odeur a envahi l'air.
5. Une fois que les Jeux Olympiques (se terminer), la plupart des champions retomberont dans l'anonymat le plus complet.
6. Je ferai les démarches auprès de l'administration après que tu (réunir) tous les documents nécessaires.
7. Les skieurs (atteindre) à peine le sommet de la piste qu'ils la dévalèrent.
8. A peine le premier ministre (s'avancer) entre les travées de l'hémicycle que des huées s'élevèrent des rangs de l'opposition.
9. Le jardinier (ne pas plus tôt donner) les premiers coups de hache que l'arbre s'abattit avec fracas.
10. Le chalutier (ne pas rentrer) au port que la tempête se levait.

5. Même exercice :

1. Le chat s'était emparé du rôti avant qu'on (pouvoir) réagir.
2. Les expériences seront poursuivies jusqu'à ce que l'on (restreindre) les crédits de recherche.
3. En attendant que l'on (transmettre) votre demande, vous pouvez obtenir un laissez-passer provisoire.
4. D'ici à ce que pareil événement (se produire), beaucoup d'eau coulera sous les ponts.
5. Il s'écoulera beaucoup de temps avant que cet individu ne (admettre) son erreur.
6. Le temps que je (s'apercevoir) qu'on fouillait dans mon sac, le voleur avait disparu.
7. Le président du Sénat assurera l'intérim jusqu'à ce qu'on (élire) le nouveau président de la République.
8. D'ici que tu (revenir) de ce long séjour à l'étranger, j'aurai sans doute bien changé.
9. Tu ne quitteras pas la maison que tu ne (achever) ton travail.
10. Du plus loin que je (se souvenir), j'ai toujours connu ce puits au milieu du village.

6. *Mettre les verbes entre parenthèses au mode et au temps qui conviennent (indicatif et subjonctif).*

1. A peine le bateau (accoster) que les touristes, en quête de souvenirs, prirent d'assaut les boutiques du port.
2. D'ici à ce que l'on (interdire) complètement la circulation dans ce quartier, il n'y a pas loin.
3. Une fois que la voiture (franchir) les nombreux lacets, elle fila à vive allure.
4. L'arbitre (ne pas siffler) la fin du match que déjà les spectateurs se précipitaient sur la pelouse.
5. Avant qu'il (prendre) conscience de ce qui lui arrivait, il fut projeté à terre.
6. Les deux amies n'ont cessé de chuchoter pendant le film jusqu'à ce que quelqu'un leur (enjoindre) enfin de se taire.
7. Tandis qu'elle (parcourir) les allées envahies par les hautes herbes, des souvenirs douloureux l'assaillaient.
8. Alors qu'il (escalader) la falaise, il sentit la roche s'ébouler sous ses pieds.
9. Dès que les premières fusées (éclater) et (retomber) en gerbes colorées, une clameur s'éleva de la foule.
10. Le jeune animal se mit à japper aussitôt qu'il (percevoir) le bruit de la clé dans la serrure.

7. *Même exercice :*

1. Ils ont nagé en cadence, de toute la puissance de leurs muscles, jusqu'à ce qu'ils (atteindre) les premiers rochers de l'île.
2. Le jeune homme suivit des yeux la voiture aussi longtemps qu'elle (rester) visible à l'horizon.
3. Au fur et à mesure que l'été (avancer), la chaleur se faisait plus oppressante.
4. Depuis qu'il (entreprendre) ce travail, il s'y consacrait totalement.
5. Au moment où les jeunes voyous (s'apprêter) à malmener une jeune fille, un passant courageux s'interposa.
6. Les abords de l'avenue seront interdits à la circulation tant que le cortège présidentiel (ne pas passer).
7. Comme minuit (sonner), il crut voir apparaître un spectre.
8. Chaque fois que la jeune femme (émettre) un vœu, son mari s'empressait de le réaliser.
9. Les passagers sont priés de patienter jusqu'au moment où on les (appeler).
10. Il n'eut pas plus tôt ouvert les yeux qu'il (se rendre compte) qu'on s'était introduit dans sa chambre pendant son sommeil.

8. *Compléter les phrases suivantes par des conjonctions (chaque fois différentes) :*

1. La foule se faisait plus dense ...... nous approchions de l'exposition.
2. Jeanne et Charles bavardaient dans la rotonde ...... le pianiste interprétait un prélude de Debussy.
3. ...... l'ennemi campera sur ses positions, nous ne céderons pas.
4. ...... mon grand-père tombât malade, son entreprise était florissante.
5. Les randonneurs décidèrent de reprendre la route ...... ils se seraient désaltérés.
6. ...... nous les avions emmenés au cirque, les enfants n'avaient de cesse d'y retourner.
7. ...... je pénétrai dans la forêt, un sentiment étrange s'empara de moi.
8. ...... elle traversait le jardin du Luxembourg, elle fut abordée par un inconnu.
9. ...... j'entendais ce concerto, la même émotion m'étreignait.
10. ...... on nous serve, nous aurons le temps de mourir de faim !

9. Compléter les phrases suivantes par la conjonction ou la préposition qui conviennent :

1. ...... cette fâcheuse querelle, ils étaient les meilleurs amis du monde.
2. ...... avoir passé plusieurs soirées en sa compagnie, ils ont modifié leur jugement sur son compte.
3. ...... le facteur eut sonné à la grille, Anne descendit l'escalier quatre à quatre.
4. Vous ne réussirez pas à convaincre cet enfant ...... l'avoir mis en confiance.
5. Mes camarades m'avaient persuadé de les attendre ...... leur retour.
6. Le renard fila ...... le chasseur eût le temps d'épauler.
7. ...... le départ de leurs petits-enfants, la vie des grands-parents reprit son cours paisible.
8. Il réitéra son invitation ...... nous n'ayons plus d'excuse pour refuser.
9. ...... la tombée de la nuit, les chauves-souris tournoient au-dessus de nos têtes.
10. ...... les coureurs eurent franchi la ligne d'arrivée, les photographes se précipitèrent sur le vainqueur.

10. Même exercice :

1. Ce domaine est resté dans la famille ...... plusieurs siècles.
2. ...... le cambrioleur pénétrait dans l'appartement, l'alarme se déclencha.
3. ...... ils ont acheté une maison de campagne, ils consacrent tous leurs loisirs à son aménagement.
4. ... on se battait au front, la vie continuait, insouciante, dans la capitale.
5. ...... les résultats soient affichés, les étudiants arpentent nerveusement les couloirs.
6. C'est ...... partir qu'il s'est aperçu qu'il avait égaré son billet d'avion.
7. ...... il avait été malade, il avait perdu tout allant.
8. ...... retrouver du travail, il perfectionne son anglais.
9. ...... l'explosion, tout le monde dormait.
10. ...... l'entracte, elle feuilleta le programme.

11. Trouver la conjonction nécessaire et mettre le verbe entre parenthèses au mode et au temps qui conviennent :

1. Il s'avisa qu'il serait hors de danger ...... (franchir) le mur d'enceinte.
2. ...... ils exploraient les environs du vieux château, les enfants (découvrir) l'entrée d'un souterrain.
3. ...... il (tromper) par ses associés, il se méfiait de tout le monde.
4. J'étais bien résolu à ne plus adresser la parole à mon voisin ...... il me (ne pas présenter) ses excuses.
5. Il battait et rebattait les cartes ...... les joueurs (prendre place).
6. ...... cet artisan (prendre) sa retraite, son fils aura le temps de se perfectionner à ses côtés.
7. Le voilier ne reprendra pas la mer ...... la coque (ne pas repeindre).
8. Ce magistrat, impliqué dans un scandale, s'est battu ...... on lui (rendre) enfin justice.
9. ...... je (terminer) mes études, je pourrai consacrer plus de temps au sport.
10. ...... l'écrivain (avancer) en âge, son style se faisait plus sobre, plus dépouillé.

12. Remplacer le groupe de mots en italique par une proposition subordonnée de même sens :

1. *Une fois parvenus au sommet de la butte*, les deux cavaliers mirent pied à terre.
2. *La tempête s'apaisant*, quelques bateaux quittèrent le port.
3. *En poussant la petite barrière blanche du jardin*, je me sentis brusquement ramené vingt ans en arrière.

4. *À le voir si leste*, on ne lui donnerait pas ses quatre-vingts ans.
5. *Moi vivant*, aucune parcelle de la propriété ne sera vendue.
6. *Le châtelain disparu*, ses héritiers s'empressèrent de morceler le domaine.
7. Il eut le temps de s'enfuir *avant d'être reconnu.*
8. Le poisson est vendu *sitôt pêché.*
9. *Tout en époussetant les meubles*, elle fredonnait un air à la mode.
10. *Après avoir vérifié les titres de transport*, le contrôleur descendit de l'autobus.

13. Même exercice :

1. *A la vue de sa victime*, il se troubla et passa aux aveux.
2. Ma voiture fume *au démarrage.*
3. *Depuis son divorce*, cet homme a sombré dans la dépression.
4. *A la fin de la manifestation*, des incidents éclatèrent.
5. Cette maladie était mortelle *jusqu'à la découverte du vaccin.*
6. La foule a applaudi *au passage du cortège.*
7. *En attendant la reprise de la session parlementaire*, le projet de loi restera en suspens.
8. *Au terme* de *la discussion*, les deux parties se sont déclarées satisfaites.
9. Le monde évolue *au fil des ans.*
10. *Après la reddition des troupes ennemies*, le pays connut enfin la paix.

14. Remplacer les propositions subordonnées en italique par un groupe nominal de même sens :

1. On ne doit jamais conduire *quand on est ivre.*
2. Le roi était bien jeune *lorsqu'il accéda au trône.*
3. En 1870, *tandis que la capitale était assiégée*, on dit que les Parisiens ont mangé des rats.
4. La température restera fraîche *jusqu'à ce que se dissipent les brouillards matinaux.*
5. *Depuis que cette maladie est apparue*, de nombreux arbres ont péri.
6. Ses douleurs ont repris *dès que le traitement a été interrompu.*
7. *Avant qu'on ne rédige définitivement un contrat*, il est recommandé de consulter un notaire.
8. *Après qu'il aura corrigé minutieusement les épreuves de son livre*, l'écrivain les renverra à l'imprimeur.
9. Les skieurs jouent aux cartes pour tromper leur ennui *en attendant que les premières neiges tombent.*
10. *Au fur et à mesure que ses mémoires étaient publiés*, on découvrait que cet homme avait été un diplomate subtil.

15. Remplacer la proposition subordonnée en italique par une tournure équivalente (groupe nominal, infinitif, gérondif, participe, etc.) :

1. *Pendant que j'étais à l'hôpital*, mes amis ont eu pour moi des attentions délicates.
2. *Alors qu'il visitait une exposition de peinture*, le jeune homme fut pris d'un malaise.
3. *Après qu'ils eurent acquis ce vieux moulin*, ils se consacrèrent à sa restauration.
4. *Jusqu'à ce qu'on interdise les visites*, cette grotte attirait les touristes du monde entier.
5. *Avant que les relations diplomatiques ne soient totalement rompues entre les deux pays*, plusieurs médiateurs étaient intervenus pour essayer d'éviter la crise.
6. *Quand il eut atteint son but*, il se sentit désœuvré.
7. Le malade gardera la chambre *jusqu'à ce qu'il se rétablisse complètement.*
8. *Comme la discussion s'envenimait*, je prétextai une fatigue subite pour me retirer.
9. *Le temps que je prenne mon appareil*, le soleil avait déjà disparu.
10. *Quand on les voit si épris l'un de l'autre*, on n'imagine pas qu'ils puissent se disputer.

***16. Récrire les phrases suivantes en substituant les expressions indiquées à la conjonction soulignée et en faisant toutes les transformations nécessaires pour obtenir un texte logique :**

1. La déviation sera maintenue jusqu'à ce que les travaux soient entièrement terminés.
   aussi longtemps que — jusqu'à — pendant

2. Les élèves sortirent avant qu'on ne leur en eût donné la permission.
   à peine ... que — tant que — une fois que

3. Ils ont pris un dernier bain tandis que le soleil disparaissait.
   à — avant que — avant

4. L'écrivain se sent délivré lorsqu'il met un point final à l'une de ses œuvres.
   avant de — depuis que — tant que

5. Les enfants regardaient la télévision quand leurs parents sont revenus.
   en attendant — avant que — jusqu'à ce que

17. Transformer les phrases suivantes de manière à obtenir une proposition principale et une proposition subordonnée exprimant le temps :

1. Lave-toi les mains et tu te mettras à table.
2. Je répéterai mes explications et vous comprendrez.
3. Elle parvint à l'extrémité du quai ; à ce moment, une vague plus haute l'éclaboussa.
4. On te confiera ce poste, mais en attendant tu dois poursuivre tes efforts.
5. Les explorateurs avançaient dans la jungle ; au fur et à mesure, la végétation se faisait plus dense.
6. On a découvert que ce comptable détournait de l'argent ; jusque-là, il passait pour un homme intègre.
7. La mère éteignit la lumière ; l'enfant apeuré se mit à pousser des hurlements.
8. Qu'il fasse ses devoirs, ensuite il pourra aller au cinéma.
9. On hissa la voile et aussitôt le bateau prit de la vitesse.
10. Les savants résoudront un jour ce problème, mais d'ici là, que d'heures passées en recherches !

***18. Même exercice :**

1. Le malade somnolait ; pendant ce temps sa femme vaquait à ses occupations.
2. Elle avait fait une chute de cheval ; depuis elle ne pouvait se déplacer sans canne.
3. À chacune des interventions du journaliste, l'assistance s'esclaffait.
4. Tu as brillamment réussi tes examens, désormais toutes les carrières te sont offertes.
5. Il parcourut le journal puis il me le tendit.
6. On s'approchait de l'animal et il reculait en montrant les dents.
7. La discussion s'est prolongée ; je me suis abstenu de prendre parti.
8. Il atteignit le pôle Nord, mais auparavant que d'obstacles s'étaient dressés sur sa route !
9. Il paria qu'il traverserait la rivière à la nage ; sitôt dit, sitôt fait : il plongea sous les regards éberlués des curieux.
10. Je peux remonter très loin dans mes souvenirs ; j'ai toujours connu mon père soucieux et pressé.

*19. Compléter les phrases en y introduisant les expressions suivantes : PERDRE SON TEMPS — ÊTRE DE SON TEMPS — CONSACRER SON TEMPS À — TUER LE TEMPS — TRAVAILLER À MI-TEMPS.

A. 1. Depuis qu'il a pris sa retraite, ...
2. Une fois qu'elle aura élevé son deuxième enfant, ...
3. Il n'arrivera à rien de positif tant que ......
4. Tandis que Jeanne jouait au bridge, ...
5. Quand on suit aveuglément la mode ......

VIVRE AU JOUR LE JOUR — METTRE À JOUR — DU JOUR AU LENDEMAIN — DE NOS JOURS — DE JOUR EN JOUR.

B. 1. Il s'écoulera des semaines d'ici à ce que ......
2. Aussitôt qu'il se remit à travailler, ...
3. Dès que les enfants sont en âge de marcher, ...
4. À peine eut-il perdu sa situation que ......
5. Aussi longtemps qu'il n'aura pas d'emploi, ...

20. Compléter les phrases suivantes par les prépositions qui conviennent (À, À PARTIR DE, AU BOUT DE, AU COURS DE, DANS, DE, DEPUIS, DÈS, DURANT, EN, PENDANT, POUR, PRÈS DE, SOUS, VERS) :

1. Attendez-moi, je reviens ...... cinq minutes.
2. Il a écrit son roman ...... quatre semaines.
3. Il est venu en France ...... un mois mais il n'a pu rester que quelques jours.
4. Il a vécu à l'étranger ...... dix ans.
5. Il est arrivé à Paris ...... l'âge de dix ans.
6. ...... cette époque, il demeure à Paris.
7. Il a étudié le piano ...... sa cinquième année.
8. Il étudie le piano ...... l'âge de cinq ans.
9. ...... les vacances, cette ville de la côte connaît une grande affluence.
10. Il est encore à Paris ...... trois jours.
11. Lassé d'attendre, ... une heure j'ai décidé de partir.
12. Il n'a cessé de fumer ... toute la soirée.
13. .... demain, je ne fume plus !
14. ...... sa naissance, le bébé pesait sept livres.
15. ...... les premiers jours de la braderie, les clientes se ruent dans les magasins.
16. Prière de répondre ...... huitaine.
17. Prière de répondre ...... les huit jours.
18. Nous partirons ... le quinze septembre.
19. Il était ...... minuit quand l'incendie se déclara.
20. ...... le petit matin, on entendait chanter les oiseaux.

21. Remplacer l'expression en italique par une expression de même sens :

1. Il nous a tous dupés de belle manière ; *désormais* il sera difficile de lui faire confiance.
2. *Jadis* les femmes lavaient le linge à la rivière, *de nos jours* la plupart des foyers sont équipés d'une machine à laver.
3. Il avait l'habitude d'être obéi *séance tenante.*
4. On le vit rôder autour de la villa *à maintes reprises.*
5. "*De mon temps*", disait la vieille dame, "les jeunes gens cédaient leur place dans l'autobus !"

6. *Passé* dix heures, il est difficile de trouver un restaurant ouvert dans ce quartier.
7. *De temps à autre*, je le voyais flâner dans le jardin du Luxembourg.
8. Au cours du débat télévisé, les participants s'interrompaient *à tout propos*.
9. *D'ores et déjà*, on peut prédire à ce jeune homme un bel avenir dans la diplomatie.
10. Il regagnait son domicile *aux alentours de* minuit.

22. Employer chacune des expressions suivantes dans une courte phrase :

Dater de — remonter à — précéder — succéder à — de mémoire de — sous peu — naguère — en un clin d'œil — dans les plus brefs délais — par retour du courrier.

23. Texte :

A. Relever tous les éléments indiquant le temps (conjonctions, adverbes, etc...).
B. Quels sont les temps et les modes employés ? Pourquoi ?

À peine délivré de son collège, c'était encore à ce collège que songeait Villars, tandis que, une main dans la poche, l'autre tenant son goûter, il suivait le chemin de ronde qui longe les remparts. L'ombre des cours était légère, quand il s'y promenait après une lecture, et qu'il se sentait peuplé d'un monde épars de pensées, de rythmes et de fantômes. Le silence était doux, dans les salles d'études et dans les dortoirs, quand, penché sur un livre, ou le regard perdu dans les ténèbres blafardes, il imaginait la vie et déjà en goûtait la saveur délicieuse. Ses voisins pouvaient bâiller d'ennui ou, sitôt couchés, s'endormir, il voulait être, lui, celui que tiennent éveillé les besoins de l'âme.
L'hiver, les rafales gémissaient, imploraient, hurlaient, en s'engouffrant sous les portes ou dans les égouts ; rien ne troublait Gilbert plus que ne faisaient ces voix amères. Parfois aussi, dans les longues soirées d'été, quand les enfants, assis sur les bancs ou couchés le dos au sol, voyaient dans le silence le ciel se dorer, puis bleuir jusqu'à ce que naquît enfin, entre deux toits, une étoile, on entendait une gamme hésitante de piano, et ces sons malhabiles étaient plus émouvants que la plus belle mélodie ; Gilbert y voyait l'image même de sa vie, confuse encore, où s'élevaient une à une des voix nouvelles, et qui bientôt, sans doute, allait s'affermir et multiplier ses rumeurs.
Deux fois par semaine, sous la conduite d'un surveillant, les élèves partaient en promenade : marches maussades dans des terrains vagues, près de casernes à demi abandonnées ou le long d'un canal monotone. Gilbert s'y enivrait de détresse et d'ardeur contenue. Ses camarades organisaient des jeux ; lui, cherchait le terrain le plus aride, s'y couchait, et, lisant ou rêvant, se glorifiait de n'avoir pour compagnon que ce grand ciel livide ou brûlant, à perte de vue, éternellement.

Marcel Arland, *L'Ordre*, I, 1 (1929).

Phrases d'auteurs :

Conjonctions de subordination

■ La nuit était claire et sonore quand je sortis du palais désert. *(Julien Gracq)*

■ Et quand tu seras vieille ô ma jeune beauté
Lorsque l'hiver viendra après ton bel été

Lorsque mon nom sera répandu sur la terre
En entendant nommer Guillaume Apollinaire
Tu diras il m'aimait et t'enorgueilliras.
(Guillaume Apollinaire)

■ Je n'ai plus écouté le procureur jusqu'au moment où je l'ai entendu dire : «A-t-il seulement exprimé des regrets ?» *(Albert Camus)*

■ [La mer] sifflait doucement au pied des grands blocs de la jetée et, comme ils les gravissaient, elle leur apparut, épaisse comme du velours, souple et lisse comme une bête. *(Albert Camus)*

■ Chaque fois que Lalla revient des dunes et qu'elle voit les toits de tôle ondulée et de papier goudronné, son cœur se serre... *(J.M.G. Le Clézio)*

■ À voir le visage de Swann pendant qu'il écoutait la phrase on aurait dit qu'il était en train d'absorber un anesthésique qui donnait plus d'amplitude à sa respiration.
(Marcel Proust)

■ Les êtres que nous connaissons le mieux, comme nous les déformons dès qu'ils ne sont plus là ! *(François Mauriac)*

■ En me relevant, je me suis trouvé devant un homme et une femme que le bruit de mes pas tandis que je courais m'avait empêché d'entendre venir. J'ai failli perdre l'équilibre en voulant m'écarter d'eux alors que je n'étais pas encore complètement redressé.
(Henri Thomas)

■ Ô mathématiques sévères, je ne vous ai pas oubliées, depuis que vos savantes leçons, plus douces que le miel, filtrèrent dans mon cœur, comme une onde rafraîchissante.
(Lautréamont).

■ Dès l'instant que j'ai eu quarante ans, je n'ai plus parlé de mon âge. *(Françoise Sagan)*

■ Maintenant que je dis : – Un jour, nous triomphons,
Le lendemain tout est mensonge ! —
Je suis triste, et je marche au bord des flots profonds,
Courbé comme celui qui songe.
(Victor Hugo)

■ Toutes les femmes, aussi longtemps qu'il ne s'agissait pas de les épouser, lui paraissaient pouvoir, sans inconvénient, être prises, puis être quittées. *(Benjamin Constant)*

■ Tant qu'un Peuple est contraint d'obéir et qu'il obéit, il fait bien ; sitôt qu'il peut secouer le joug, et qu'il le secoue, il fait encore mieux. *(Jean-Jacques Rousseau)*

■ L'homme s'est décidé à repartir vers la fin de la ville, loin de ce parc. À mesure qu'il s'en éloigne, l'odeur des magnolias diminue, faisant place à celle de la mer.
(Marguerite Duras)

■ Fabrice n'avait pas fait cinq cents pas que sa rosse s'arrêta tout court. *(Stendhal)*

■ Jadis, lorsque j'entrais dans une imprimerie, les garçons ôtaient leur chapeau. Aujourd'hui ils se contentent de vous regarder, ricanent ; et à peine êtes-vous sur le seuil que vous les entendez parler de vous d'une manière plus leste que si vous étiez leur camarade. *(Louis-Sébastien Mercier)*

■ Presque aussitôt après qu'il eut tourné au bout de la ligne droite, il sortit du marais. *(Julien Gracq)*

■ Avant que je n'atteigne les pins, voici la nuit et déjà la froide lune m'éclaire. *(Paul Claudel)*

■ Il sortit et se mit à courir sur la pelouse jusqu'à ce qu'il eût atteint les arbres au-dessus du fleuve. *(Julien Green)*

■ De si loin qu'Armand se souvienne, il y a dans la maison de grands silences, puis des portes qui claquent, des pas précipités, et maman, qui sanglote la tête dans les coussins [...]. *(Louis Aragon)*

Autres moyens d'expression

■ Tout en roulant, pelotonné dans cette attente vague, il était devenu attentif aux noms qu'il lisait aux carrefours. *(Julien Gracq)*

■ [...] s'étant assise à son coin accoutumé du canapé, sous les buissons de fleurs, elle prit un livre jeté sur la table, à portée de sa main. *(Anatole France)*

■ Le mot à peine prononcé, j'ai vu monter dans son regard je ne sais quelle lueur [...] *(Georges Bernanos)*

■ La Sixtine terminée, et Jules II étant mort, Michel-Ange retourna à Florence. *(Romain Rolland)*

■ Il s'est détourné et il a disparu. Lui parti, j'ai retrouvé le calme. *(Albert Camus)*

■ À sentir son pied s'enfoncer dans certaines mottes, on a tout à coup le dos glacé : on n'ose plus marcher, ni avancer, ni reculer. *(Maurice Genevoix)*

■ Dès le début de la tempête, des vents hargneux avaient pris le toit à partie. *(Henri Bosco)*

■ On eût cru qu'il devinait la présence de Louise, car au bout d'un moment, il leva la tête. *(Julien Green)*

■ Oedipe obéit d'abord au destin sans le savoir. A partir du moment où il sait, sa tragédie commence. *(Albert Camus)*

■ Cette vie des nuages animait l'obscurité, tantôt plus légère et tantôt intense, comme si d'immenses ombres fussent venues parfois approfondir la nuit. *(André Malraux)*

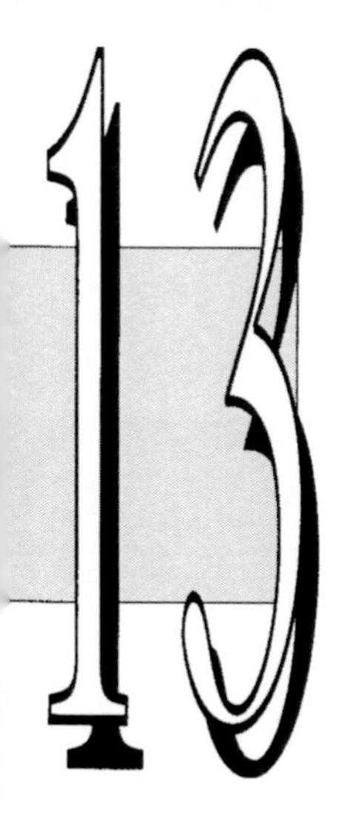

L'EXPRESSION DE LA CAUSE

Choix du mode et du temps de la subordonnée .... 1 - 2

Choix de la conjonction 3

Différents moyens d'exprimer la cause 4

Exercices de substitution : transformations de la subordonnée .... 5 à 7

Exercices de liaison .... 8 à 10

Exercices de vocabulaire .... 11 à 14

Texte d'auteur 15

Phrases d'auteurs

1. Mettre le verbe entre parenthèses au mode et au temps qui conviennent :

1. Dès l'ouverture, le grand magasin bourdonnait comme une ruche parce que les clientes y (affluer).
2. La responsabilité de cet automobiliste est indubitable puisqu'il (rouler) à gauche au moment de l'accident.
3. Comme il (comprendre) que ses craintes étaient vaines, peu à peu il se rasséréna.
4. Si ce joueur a gagné le match de tennis, c'est parce qu'il (se montrer) combatif et déterminé.
5. Puisque tu (se croire) si intelligent, résous donc cette énigme.
6. Étant donné que chacun (vouloir) imposer son point de vue et que le ton (monter), ce fut un tohu-bohu indescriptible.
7. Vu que ses dates de vacances (ne pas coïncider) avec celles de son entourage, il s'est résolu à partir seul.
8. Du moment que je (consentir) à revenir sur ma décision, tu devrais cesser de me harceler.
9. Attendu que le chauffeur-routier (conduire) en état d'ivresse, le tribunal a décidé de lui retirer son permis.
10. Comme il (souffrir) de troubles respiratoires, le jeune trompettiste dut renoncer à une brillante carrière.

2. Même exercice :

1. Dès lors que vous (prendre) le contre-pied de tout ce que je dis, toute conversation devient impossible.
2. Le voyageur ressentait une lassitude extrême, d'autant qu'il (passer) une nuit blanche.
3. Il déclina notre invitation sous prétexte que sa santé lui (interdire) toute sortie tardive.
4. Dès l'instant que vous (prendre) à votre charge les frais de ces transformations, le propriétaire ne s'y opposera pas.

5. Si son attitude a pu vous sembler cavalière, ce n'est pas qu'il (vouloir) se montrer grossier, mais c'est qu'il est bourru.
6. Tu auras d'autant moins de mal à trouver le village que de nombreux panneaux indicateurs (jalonner) la route.
7. Nous allons vendre cette villa, non qu'elle nous (déplaire), mais parce qu'elle est trop isolée.
8. Dans la salle de cinéma, les spectateurs retenaient leur souffle : c'est que l'assassin (s'introduire) dans la chambre de l'héroïne.
9. Cette grande maison lugubre faisait naître en nous un sentiment étrange, d'autant plus qu'on la (dire) hantée.
10. Soit qu'on en (modifier) la façade, soit même qu'on le (démolir), nous n'avons pas retrouvé le petit hôtel qui nous avait tant plu autrefois.

3. Compléter les phrases suivantes par des conjonctions chaque fois différentes :

1. ...... tu es si fort, porte donc les valises !
2. Je me suis fait fortement critiquer ...... je soutenais cette théorie.
3. ...... la pluie redoublait de violence, nous avons dû rebrousser chemin.
4. ...... les termes du contrat n'ont pas été respectés, nous nous sentons déliés de tout engagement.
5. Mon cœur battait la chamade : ...... on annonçait les résultats de l'examen.
6. Cet homme réprouve l'anarchie, ... il soutienne sans réserve l'autorité mais parce qu'il hait le désordre.
7. Elle ne nous a pas écrit ...... elle avait égaré notre adresse : nous n'en avons rien cru.
8. Nous avions du mal à entendre le conférencier, qui parlait d'une voix sourde, ... nous étions placés au fond de la salle.
9. ...... elle fût fatiguée, ... elle n'aimât point la musique de Debussy, elle s'endormit au milieu du concert.
10. ...... je n'ai pas assisté au vernissage, ... je craignais de m'y ennuyer mais parce que je n'aime pas la foule.

4. Remplacer le groupe de mots en italique par une proposition subordonnée de même sens :

1. *Sentant l'orage approcher*, ils pressèrent le pas.
2. Ils ont manqué l'affaire *pour n'avoir pas su être assez patients.*
3. *Faute d'avoir réservé à temps*, les estivants se sont retrouvés dans un minuscule studio.
4. *L'ascenseur étant tombé en panne*, j'ai dû gravir les onze étages à pied.
5. *À force de fumer*, la comédienne avait senti le timbre de sa voix se modifier.
6. *Intrigué*, il s'approcha du cercle des badauds.
7. *Intelligent comme vous êtes*, tous les espoirs vous sont permis.
8. *A la voir si bouleversée*, son amie se sentit elle-même gagnée par les larmes.
9. *Sous prétexte de me rendre service*, ma voisine ne cesse de m'importuner.
10. La vieille dame se désole *de voir disparaître* un à un tous ses amis.

5. Même exercice :

1. *Affamés*, les loups vinrent rôder jusqu'aux abords du village.
2. *En s'interposant* entre les deux hommes qui se battaient, il reçut un mauvais coup.
3. *La direction refusant tout dialogue*, les syndicats décidèrent de reconduire la grève.
4. *Fouettés par l'air du large*, les enfants prirent de belles couleurs.
5. Le ministre était agacé *d'avoir à justifier sans cesse sa politique devant les journalistes.*

6. *Ayant failli renverser un piéton*, l'automobiliste dut s'arrêter pour reprendre ses esprits.
7. *Les nuages chassés par le vent et la mer apaisée*, les baigneurs revenaient peu à peu sur la plage.
8. *Pour avoir voulu transformer l'entreprise*, il s'est heurté à l'hostilité générale.
9. *En la persuadant de reprendre ses études*, tu lui as permis d'oublier ses soucis.
10. *À se voir si haut perché sur les épaules de son père*, le gamin se mit à battre des mains et à crier de joie.

6. Remplacer la proposition subordonnée en italique par une tournure équivalente (infinitif, gérondif, participe, etc.) :

1. Pierre s'est fait une entorse *parce qu'il a glissé sur le sol boueux.*
2. Le candidat resta muet *parce qu'il avait perdu toute contenance devant la difficulté des questions.*
3. L'étudiant a été exclu de la salle d'examen *parce qu'il avait triché.*
4. *Étant donné que rien ne la retenait plus à Paris*, elle rejoignit sa famille en province dès le 15 juin.
5. *Comme il ne savait pas s'y prendre*, il a dû faire appel à un spécialiste.
6. *Comme nous l'avons longuement questionné*, nous avons fini par apprendre la vérité.
7. Elle se réjouissait *parce qu'elle se voyait entourée de ses petits-enfants.*
8. *Comme ils se sentaient près du but*, ils ont redoublé d'effort.
9. Je m'étais engagée dans cette voie *parce que les événements m'y avaient contrainte.*
10. *Du moment que le malentendu était dissipé*, tous se réconcilièrent.

*7. Remplacer la proposition subordonnée en italique par un groupe nominal de même sens :

1. Il a senti ses douleurs s'apaiser *parce qu'il avait pris des calmants.*
2. *Comme ses différentes tentatives avaient échoué*, il a décidé de changer de tactique.
3. Il bégayait *parce qu'il était ému.*
4. C'est *parce que vous me l'avez conseillé* que je suis allé voir cette exposition.
5. *Comme nous manquions de temps*, nous avons dû renoncer à la visite du musée.
6. La fête fut couronnée de succès *parce que tout le monde y avait participé activement.*
7. Le match fut reporté *parce qu'il faisait mauvais temps.*
8. *Comme il était très tenace*, il est venu à bout de ce travail difficile.
9. On le déteste *parce qu'il est avare.*
10. La droguerie est fermée *parce qu'on fait l'inventaire.*

*8. Même exercice :

1. *Comme il nous opposait un refus catégorique*, nous avons abandonné nos revendications.
2. Le malade frissonnait *parce qu'il avait de la fièvre.*
3. C'est *parce que vous m'avez toujours encouragé* que j'ai pu franchir ce cap difficile.
4. *Comme il est maladroit*, on ne peut lui confier aucune tâche délicate.
5. Les émissions sont interrompues *parce qu'un incident technique s'est produit.*
6. Le suspect a été relâché *parce qu'il n'y avait pas assez de preuves contre lui.*
7. Il a menacé ses voisins *parce qu'il était hors de lui.*
8. À l'arrivée, le coureur titubait *parce qu'il était fatigué.*
9. L'entreprise a dû produire ses comptes *parce que l'administration fiscale l'avait requis.*
10. J'aime cette région *parce que la lumière y est douce et le paysage harmonieux.*

9. Transformer les phrases suivantes de manière à obtenir une proposition principale et une proposition subordonnée exprimant la cause :

1. Rien n'indiquait le chemin ; nous nous sommes bel et bien perdus.
2. C'est un secret de polichinelle. Pourquoi s'obstiner à faire les ignorants ?
3. Elle n'est pas venue. Elle affirme qu'on ne l'avait pas prévenue.
4. Je connaissais pertinemment le lieu du rendez-vous : c'est moi qui vous avais convoqué.
5. Il ne vous a pas répondu ? Il n'a sans doute pas reçu votre lettre.
6. Il pleuvait à verse. Ils s'abritèrent sous un porche.
7. J'ai quitté mon appartement : il n'était pas trop petit mais il manquait de confort.
8. Mon père a fait une chute dans son salon : ou bien il aura fait un mouvement maladroit ou bien le tapis aura glissé sous ses pieds.
9. On l'emmenait au concert et il était aux anges.
10. Il cligna des yeux : la réverbération du soleil sur la neige l'aveuglait.

10. Même exercice :

1. L'embarcation chavira : ou bien elle était mal lestée ou bien le vent s'était levé brusquement.
2. Le vacarme de la fête foraine devenait assourdissant : les promeneurs s'éloignèrent.
3. L'ascension par la face nord présentait trop de risques : la cordée décida d'attaquer la montagne par la face sud.
4. Elle voyageait peu : elle ne manquait pas d'argent mais elle était casanière.
5. Cet employé s'inquiète encore plus à l'idée de perdre son travail : il a une nombreuse famille à nourrir.
6. La consternation régnait parmi les viticulteurs : la grêle avait dévasté les vignobles.
7. La maison sentait le moisi : ou bien on l'aérait peu ou bien la rivière toute proche lui communiquait son humidité.
8. Le jeune homme abandonna ses études de médecine : il ne manquait pas de dispositions mais il désirait se consacrer à la musique.
9. Le caissier indélicat a essayé de justifier ses agissements : son patron, prétendait-il, l'exploitait.
10. On comprend encore moins son attitude hostile : rien ne la justifie.

11. Relier les propositions indépendantes par une conjonction de coordination ou un adverbe marquant la cause (CAR, EN EFFET, TANT, TELLEMENT) ; apporter s'il y a lieu les modifications nécessaires :

1. Il resta bouche bée : il était très ému.
2. Je combattrai cette idée : elle me semble dangereuse.
3. Ses meubles reluisent de propreté : elle les astique sans cesse.
4. Ne jetez jamais une cigarette mal éteinte en traversant une forêt : cela peut suffire à provoquer un incendie aux conséquences désastreuses.
5. L'arbre fut abattu : il menaçait de tomber sur la maison.
6. Les rues étaient inondées : il avait beaucoup plu.
7. Ce projet de loi a peu de chance d'aboutir : il a des détracteurs même parmi les députés de la majorité.
8. Nous avons été séparés : il y avait beaucoup de monde.
9. On ne s'entendait plus dans la classe : les étudiants n'arrêtaient pas de bavarder.
10. Les touristes sont déçus : le mois de juin a été pluvieux et de nombreuses festivités ont dû être annulées.

*12. *Employer dans chacune des phrases suivantes le verbe qui convient (CAUSER, DÉCHAÎNER, DÉCOULER DE, ENGENDRER, ÊTRE DÛ À, MOTIVER, PROVENIR DE, PROVOQUER, RÉSULTER DE, SUSCITER) :*

1. Son attitude désinvolte ...... l'indignation de tous.
2. L'imprudence de l'automobiliste ...... l'accident.
3. La rivalité de ces deux hommes politiques ...... entre eux une haine féroce.
4. La baisse du chiffre d'affaires de l'entreprise ...... une mauvaise gestion.
5. L'éloquence de l'orateur ...... l'enthousiasme de la foule.
6. Ses malheurs ...... son inaptitude à s'exprimer.
7. L'incompréhension de son entourage ...... son départ.
8. Cette légère inflation ...... la hausse des salaires de la fonction publique.
9. L'échec du lancement de la fusée ...... une erreur de calcul.
10. Son ignorance ...... sa paresse.

*13. *Employer dans chacune des phrases suivantes le nom qui convient (LA CAUSE, LE MOBILE, LE MOTIF, LA MOTIVATION, L'ORIGINE, LE POURQUOI, LE PRÉTEXTE, LE PRINCIPE, LA RAISON, LE SUJET) :*

1. Les enfants ont toujours demandé inlassablement ...... de toute chose.
2. On ignore ...... de ce crime.
3. À quelles ...... a-t-il obéi en adoptant cette position ?
4. À ...... de cette brouille, il y a une sombre affaire d'héritage.
5. Tout ...... lui est bon pour se dérober à ses obligations.
6. On s'interroge encore sur ...... de cette catastrophe.
7. Il a donné sa démission pour ...... futile.
8. Le blocage des salaires comptait parmi les nombreux ...... de mécontentement.
9. Selon Pascal, Dieu est ...... de toute chose.
10. Pour quelle ...... avez-vous agi ainsi ?

14. *Employer chacune des expressions suivantes dans une phrase qui en précise le sens :*

Remettre en cause — prendre fait et cause pour — avoir gain de cause — mettre hors de cause, agir en connaissance de cause — faire cause commune avec — plaider une cause — en désespoir de cause — pour les besoins de la cause — en tout état de cause.

15. Texte : *Quels sont les procédés utilisés par l'auteur pour indiquer la cause ?*

Je passai pourtant huit à dix jours à Brighthelmstone, parce que je n'avais aucune raison d'espérer mieux ailleurs, et que cette première expérience me décourageait, quoique à tort, comme on le verra par la suite, de mes projets sur Edimbourg. Enfin, m'ennuyant chaque jour plus, je partis subitement une après-dînée. Ce qui décida mon départ fut la rencontre d'un homme qui me proposa de faire le voyage à moitié prix jusqu'à Londres. Je laissai un billet d'adieu à Kentish et nous arrivâmes à Londres à minuit. J'avais eu bien peur que nous ne fussions volés, car j'avais tout mon argent sur moi et je n'aurais su que devenir.

Benjamin Constant, *Adolphe* (1815).

Phrases d'auteurs :

■ Toute caverne souterraine suscite l'angoisse parce qu'un éboulement y ensevelirait les vivants. *(André Malraux)*

■ C'était parce qu'elle sentait qu'elle ne pouvait haïr son amant qu'elle était si malheureuse. *(Stendhal)*

■ Comme il faisait une chaleur de 33 degrés, le boulevard Bourdon se trouvait absolument désert. *(Gustave Flaubert)*

■ Puisque mon cœur continue de battre, il faudra bien qu'il batte pour quelque chose, pour quelqu'un. *(Simone de Beauvoir)*

■ Du moment que tu aspires aux bénéfices, prends les charges. *(Honoré de Balzac)*

■ On proposa d'établir l'impôt unique sur les chansons et sur le rire, attendu que la nation était la plus gaie du monde et qu'une chanson la consolait de tout. *(Voltaire)*

■ Au fond je n'avais pas beaucoup de sympathie pour Tom et je ne voyais pas pourquoi, sous prétexte que nous allions mourir ensemble, j'aurais dû en avoir davantage. *(Jean-Paul Sartre)*

■ C'est une excursion magnifique, mais fatigante ; d'autant que j'ai voulu tout faire à pied. *(Romain Rolland)*

■ Si le pianiste voulait jouer la chevauchée de *la Walkyrie* ou le prélude de *Tristan*, Madame Verdurin protestait, non que cette musique lui déplût, mais au contraire parce qu'elle lui causait trop d'impression. *(Marcel Proust)*

■ Si vous aviez peur de manquer le train, ce train au mouvement et au bruit duquel vous êtes maintenant réhabitué, ce n'est pas que vous vous soyez réveillé ce matin plus tard que vous l'aviez prévu, puisque, bien au contraire, votre premier mouvement, comme vous ouvriez les yeux, ç'a été d'étendre le bras pour empêcher que ne se déclenche la sonnerie [...] *(Michel Butor)*

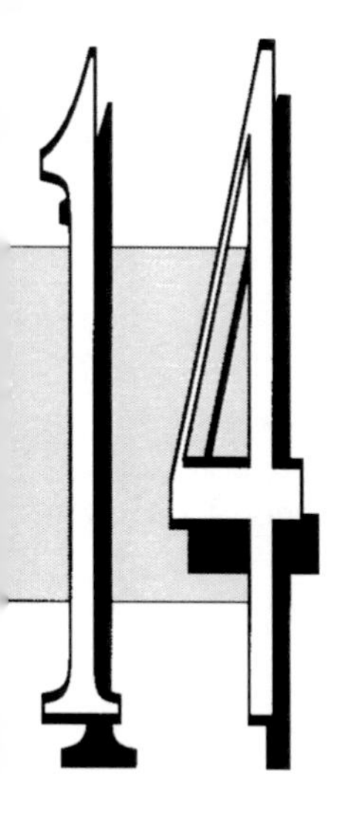

L'EXPRESSION DE LA CONSÉQUENCE ET DU BUT

Choix du mode et du temps de la subordonnée... 1 à 7
Choix de la conjonction, du mode et du temps ..... 8 - 9
Phrases à compléter 10
Exercices de liaison .... 11 à 13
Exercice de vocabulaire 14
Texte d'auteur 15
Phrases d'auteurs

1. Mettre le verbe entre parenthèses au mode et au temps qui conviennent selon qu'il s'agit du but ou de la conséquence (les deux sont parfois possibles) :

1. Elle se lamentait sans cesse pour qu'on la (plaindre).
2. L'état du malade s'est aggravé, si bien que le médecin (ordonner) son hospitalisation.
3. On entoura le pâturage d'une clôture électrique de telle façon que les animaux (ne plus pouvoir) s'échapper.
4. Il disparut sans laisser de traces de sorte que plus personne ne (entendre) parler de lui.
5. On a élevé des murs anti-bruit le long de l'autoroute de manière que les riverains (subir) moins de nuisances.
6. La pièce était très vaste et peu meublée, de sorte que les voix y (résonner).
7. Le cambrioleur a agi à visage découvert, si bien que les témoins le (identifier) facilement.
8. L'homme sifflait toujours le même air de telle manière qu'on le (reconnaître) avant même de le voir.
9. Approchez, que je vous (apprendre) ce que je viens de découvrir.
10. Le directeur téléphone à son adjoint afin qu'il le (rejoindre) avec les documents nécessaires.

2. Même exercice :

1. Un convive maladroit renversa la saucière, si bien qu'il (falloir) changer la nappe.
2. Le notaire a procédé à la vente des biens afin que chacun (recevoir) sa part d'héritage.
3. L'adolescent étouffe ses pas de crainte que ses parents ne (s'apercevoir) de son retour tardif.
4. Cet officier s'était montré intrépide et valeureux, si bien qu'on le (décorer).
5. Il a fait venir des témoins pour confirmer ses dires de peur qu'on le (ne pas croire).
6. Le client s'entoure de garanties sûres de sorte que la banque (consentir) à lui accorder un prêt.
7. La jeune femme évite sa voisine de peur que celle-ci ne la (retenir) par ses bavardages.
8. Le couple possède deux voitures de manière que chacun (pouvoir) être indépendant.

9. Un rayon de soleil jaillit des nuages, de telle sorte que le monument (sembler) s'illuminer.
10. Le maître de ballet fait travailler durement ses élèves afin que ceux-ci (acquérir) une technique irréprochable.

3. Même exercice :

1. Ils ont tiré tellement fort sur la corde qu'elle (se rompre).
2. Le navire tanguait si dangereusement qu'un sentiment de panique (envahir) les passagers.
3. Les syndicats harcelèrent le gouvernement tant et si bien que celui-ci (se voir) contraint de céder.
4. Il se rua sur son adversaire avec une telle violence qu'il lui (faire) perdre l'équilibre.
5. Elle a tant de charme qu'elle (séduire) tous ceux qui l'approchent.
6. La malheureuse criait, gesticulait tant et tant qu'elle (finir) par créer un attroupement autour d'elle.
7. Ses crises d'asthme se succédaient avec une telle fréquence que le malade (appréhender) de rester seul.
8. Le blessé poussait de tels gémissements que l'inquiétude (étreindre) ses compagnons.
9. La rivière en crue a débordé à tel point qu'on (devoir) faire évacuer le quartier de la ville basse.
10. Le chahut devint indescriptible au point que l'orateur (interrompre) son discours.

4. Même exercice :

1. Mes beaux-parents ont trouvé le fauteuil Voltaire si confortable qu'ils le (acheter) sur-le-champ.
2. Telle était son avarice, à en croire ses voisins, qu'il leur (emprunter) même leur journal.
3. La pluie redoubla de violence à tel point qu'il (devoir) se mettre à l'abri.
4. Elle fit tant et si bien qu'elle (arriver) à ses fins à la surprise de tous.
5. La maîtresse de maison a mis tant d'empressement à nous recevoir que nous en (être) confus.
6. Au soir du premier tour des élections, le ballottage était tellement serré que nul ne (pouvoir) dire qui (l'emporter) le dimanche suivant.
7. Cet homme d'affaires mettait tant d'opiniâtreté dans ses entreprises qu'il (atteindre) généralement son but.
8. Il a protesté avec tellement d'énergie qu'il (convaincre) son entourage.
9. Cet hiver-là, il avait neigé tant et tant que le hameau (rester) isolé plusieurs semaines.
10. Le candidat possède des qualités telles qu'on le (engager) sans nul doute.

5. Même exercice :

1. La jeune opérée est encore trop faible pour qu'on lui (permettre) de quitter la clinique.
2. Cette armoire en chêne massif est bien trop lourde pour que je (parvenir) à la déplacer seule.
3. Les experts ont recueilli suffisamment de preuves pour que les circonstances de la catastrophe (apparaître) clairement.
4. Il se conduisait avec trop d'arrogance pour qu'on le (trouver) sympathique.
5. Cette plage n'est pas assez sûre pour que les baignades y (autoriser).
6. Il suffit que le clown (faire) des grimaces pour que l'enfant (se mettre) à trépigner et à battre des mains.
7. Elle a accueilli notre invitation avec trop peu d'enthousiasme pour que nous (insister).
8. Il a fallu qu'un accident (se produire) pour qu'on (prendre) enfin les mesures de sécurité qui s'imposaient.
9. Ce restaurateur de tableaux était assez compétent pour qu'on lui (confier) cette toile.
10. L'appartement était assez vaste pour qu'une famille nombreuse y (vivre) à l'aise.

*6. Même exercice :

1. La situation est si dramatique que nous (contraindre) de prendre d'autres dispositions.
2. La situation est-elle si dramatique que nous (contraindre) de prendre d'autres dispositions ?
3. Ces champignons sont tellement rares qu'on (devoir) les payer très cher.
4. Ces champignons ne sont pas tellement rares qu'on (devoir) les payer si cher.
5. Cet étranger parle si mal le français qu'on le (ne pas comprendre).
6. Cet étranger ne parle pas si mal le français qu'on le (ne pas comprendre).
7. Les deux sœurs se ressemblent au point qu'on les (prendre) parfois l'une pour l'autre.
8. Les deux sœurs se ressemblent-elles au point qu'on les (prendre) parfois l'une pour l'autre ?
9. Le froid a été si rigoureux l'hiver dernier qu'il (falloir) rentrer les plantes dans l'orangerie.
10. Le froid n'est pas si rigoureux qu'il (falloir) rentrer les plantes dans l'orangerie.

7. Même exercice :

1. Les hommes ont-ils si peu de raison qu'ils (vouloir) bouleverser les lois de la génétique ?
2. Il suffit que je (dire) oui pour qu'il (dire) non.
3. L'affront est-il si grave qu'on ne (pouvoir) le pardonner ?
4. Il s'y prend de telle manière qu'on ne (pouvoir) le blâmer.
5. Faites en sorte que rien ne (venir) troubler nos projets.
6. Écartez-vous, que l'on (apercevoir) au moins les musiciens !
7. Il faut qu'il bien (vieillir) pour que je le (ne pas reconnaître).
8. Le silence de la forêt était tel que l'angoisse (étreindre) les deux chasseurs.
9. Il se dissimula dans le renfoncement de la porte cochère de crainte qu'on ne le (voir).
10. En 1910, la crue de la Seine fut telle qu'on (circuler) en barque sur la place Saint-Michel.

8. Compléter les phrases suivantes de manière à exprimer la conséquence ou le but en mettant le verbe entre parenthèses au mode et au temps qui conviennent :

1. Il était ...... déprimé qu'il en (perdre) le boire et le manger.
2. Il poussait de ...... soupirs que nous (bouleverser).
3. Nous avons dû insister ...... il (consentir) à nous écouter.
4. Il était ...... ému qu'il en (bredouiller).
5. Il m'avait ...... ému que mes yeux (se remplir) de larmes.
6. L'épidémie fut ...... qu'on (mettre) de longs mois à l'enrayer.
7. Nous avions ...... déambulé dans la ville que nous (être) fourbus.
8. Ses frères la taquinaient sur son physique ...... elle (se croire) laide.
9. Un regard sévère de son maître suffisait ...... le chien (obéir).
10. Ils firent tout ce qui était en leur pouvoir ...... on leur (donner) satisfaction.

9. Même exercice :

1. Cette ruelle est ...... obscure ...... on (pouvoir) distinguer les numéros.
2. On a attaché la chèvre ...... elle (ne pas s'enfuir).
3. On attache la chèvre ...... elle ne (s'enfuir).
4. Est-il ...... obstiné ...... on (ne pas pouvoir) le convaincre ?
5. L'architecture du Centre Pompidou était d'une audace ...... sa construction (faire) scandale.
6. La situation économique s'aggrave ...... les clivages sociaux (s'accentuer).
7. La garde-malade a fermé la fenêtre ...... le vieillard (ne pas prendre froid).
8. Il faut qu'il soit un fieffé menteur ...... personne ne (s'apercevoir) de son manège.

9. Le conférencier introduisait de ...... digressions dans son exposé .... l'auditoire le (suivre) difficilement.
10. Cet exercice n'est pas ...... ardu .... vous (ne pouvoir) en venir à bout.

10. Compléter les phrases suivantes :

1. Il est parti en avance de crainte que ......
2. Il est parti en avance pour ....
3. Je ne vous ai pas téléphoné hier soir de peur que ....
4. Je ne vous ai pas téléphoné pour ne pas ....
5. Faites le plein d'essence de crainte que ....
6. Faites le plein d'essence de crainte de ......
7. Tenez votre chien en laisse afin que ....
8. Tenez votre chien en laisse de peur que ....
9. Mettre à cuire à feu doux afin de ......
10. Mettre à cuire à feu doux pour ne pas ......

11. Relier les membres de phrases par des conjonctions ou des prépositions en faisant les transformations nécessaires (varier les procédés) :

1. Catherine est trop jeune, elle ne votera pas.
2. Il travaillait beaucoup : il en oubliait de manger.
3. Abonnez-vous à une revue spécialisée, vos recherches en seront facilitées.
4. Il suffit que la danseuse étoile entre en scène : tout le monde applaudit.
5. Il s'est défendu avec ardeur et adresse : il a confondu ses détracteurs.
6. Le brouillard était épais ; nous avons dû rebrousser chemin.
7. Qu'elle est minutieuse ! Elle agace son entourage.
8. Pressons le pas, nous arriverons à temps.
9. Il déforme sans cesse la vérité ; on ne peut le prendre au sérieux.
10. Elle s'inquiétait beaucoup, elle en perdait le sommeil.

**12. Même exercice :*

1. Relisez régulièrement vos exercices ; vous en tirerez le meilleur parti.
2. Ils espacèrent peu à peu leurs rencontres : ils en vinrent à s'ignorer.
3. Il n'est pas très souffrant. Ne peut-il remplir ses obligations ?
4. Ils se seront rendu compte de la supercherie ; ils sont assez perspicaces pour cela.
5. Il est impératif de manier cet appareil avec précaution ; il est d'une telle fragilité !
6. La réalité est parfois étrange : il arrive qu'elle dépasse la fiction.
7. Il se jucha sur une voiture en stationnement ; ainsi il haranguerait mieux la foule.
8. Le négociant avait amassé une fortune considérable : il avait pu se constituer une superbe collection d'œuvres d'art.
9. Il faut prendre des mesures radicales, sinon la situation empirera.
10. Il a longtemps tergiversé : les délais ont expiré, il n'a pu poser sa candidature.

13. *Relier les propositions indépendantes par une conjonction de coordination ou un adverbe marquant la conséquence (AINSI, AUSSI, ET, DONC, DÈS LORS, C'EST POURQUOI, PAR CONSÉQUENT, EN CONSÉQUENCE) :*

1. La ligne téléphonique était en dérangement ; je n'ai pu vous prévenir de l'annulation de la conférence.
2. Les informations dont nous disposons sont chaque jour plus nombreuses ; tout jugement personnel devient difficile.
3. Elle avait peur de l'avenir ; elle vivait dans une perpétuelle anxiété.
4. Dans la soirée, la fièvre de l'enfant tomba ; sa mère reprit espoir.
5. On avait augmenté leur loyer ; mon gendre et ma fille ont été contraints de quitter leur appartement.
6. L'atelier était dans un état de saleté repoussante ; il fallait le nettoyer sans tarder.
7. Vous avez essuyé plusieurs revers ; tirez-en les conclusions !
8. La vendange a été compromise par les orages de septembre : on prévoit une forte hausse du prix des grands crus.
9. Les inondations ont endommagé la voie ferrée ; le transport des voyageurs se fera par la route.
10. Le tableau était admirablement présenté, sur un mur, au fond de la galerie ; il attirait tous les regards.

14. *Employer dans chacune des phrases suivantes le nom qui convient (LE BUT, LA CHANCE, LA CONCLUSION, LE DESSEIN, LA FIN, LE FRUIT, L'OBJET, LE PROPOS, LE RETENTISSEMENT, LE RISQUE) :*

A. 1. La découverte de ce vaccin a été ...... d'une étroite collaboration entre les deux laboratoires.
2. Son ...... est d'attirer l'attention sur la vétusté de l'immeuble.
3. Qui veut .... veut les moyens.
4. Les héros de Corneille obéissent à de hauts ......
5. Il y a de fortes ...... pour qu'on résolve bientôt cette énigme.
6. À tout moment, l'expédition courait ...... d'être ensevelie sous une avalanche.
7. Vous tirerez ...... de notre entrevue.
8. Quel est donc .... de votre démarche ?
9. Quel ...... poursuivez-vous en agissant ainsi ?
10. En son temps, l'affaire Dreyfus connut un immense ......

Employer dans chacune des phrases suivantes le verbe qui convient (DÉCHAÎNER, DÉCLENCHER, ENTRAÎNER, ÉVEILLER, INCITER, PROVOQUER, RÉSULTER, S'ATTIRER, SOULEVER, SUSCITER) :

B. 1. Les syndicats ...... une grève illimitée.
2. C'est un médicament qui ...... souvent des allergies.
3. Ce différend .... d'un malentendu.
4. Les mesures prises par le gouvernement ...... de vives réactions.
5. Cette révélation ...... un scandale énorme.
6. Les encouragements de ses professeurs le ...... à poursuivre ses efforts.
7. Cette méprise .... des conséquences irrémédiables.
8. L'exécution de la symphonie ...... l'enthousiasme de la salle.
9. Par sa conduite imprudente, elle .... des reproches cinglants.
10. Son comportement bizarre .... les soupçons de ses voisins.

15. Texte :

1. Quels sont, dans ce texte, les éléments marquant
a) le but,
b) la conséquence ?

2. Comment l'utilisation des procédés de cause, de conséquence et de but contribue-t-elle au comique du passage ?

«Il est démontré, disait Pangloss, que les choses ne peuvent être autrement : car tout étant fait pour une fin, tout est nécessairement pour la meilleure fin. Remarquez bien que les nez ont été faits pour porter des lunettes ; aussi avons-nous des lunettes. Les jambes sont visiblement instituées pour être chaussées, et nous avons des chausses. Les pierres ont été formées pour être taillées et pour en faire des châteaux ; aussi monseigneur a un très beau château : le plus grand baron de la province doit être le mieux logé [...]. Par conséquent, ceux qui ont avancé que tout est bien ont dit une sottise : il fallait dire que tout est au mieux.»
Candide écoutait attentivement, et croyait innocemment : car il trouvait mademoiselle Cunégonde extrêmement belle, quoiqu'il ne prît jamais la hardiesse de le lui dire. Il concluait qu'après le bonheur d'être né baron de Thunder-ten-tronckh, le second degré de bonheur était d'être mademoiselle Cunégonde ; le troisième, de la voir tous les jours, et le quatrième, d'entendre maître Pangloss, le plus grand philosophe de la province, et par conséquent de toute la terre.

Voltaire, *Candide*, I (1759)

Phrases d'auteurs :

- La nuit était noire, si lourde, qu'elle n'avait plus ni profondeur ni mesure. *(Jean Giono)*

- Ces souvenirs lui revinrent sans ordre, mais si brusquement qu'elle en éprouva un choc et, ce soir, elle se sentait si faible qu'il suffisait de peu pour l'attendrir. *(Julien Green)*

- Il a dû errer sous la pluie, sans trouver de taxi, si bien qu'il est rentré fort malade. *(André Maurois)*

- Ses vitraux ne chatoyaient jamais tant que les jours où le soleil se montrait peu, de sorte que, fît-il gris dehors, on était sûr qu'il ferait beau dans l'église. *(Marcel Proust)*

- Je l'ai installé dans la chambre à côté de la mienne de sorte que je puisse recevoir des visites sans le déranger. *(André Gide)*

- [...] La fonction de l'écrivain est de faire en sorte que nul ne puisse ignorer le monde et que nul ne puisse s'en dire innocent. *(Jean-Paul Sartre)*

- Je ne dors pas si profondément que je ne me rende pas compte de mon bonheur. *(Georges Duhamel)*

- J'ai rêvé tellement fort de toi,
  J'ai tellement marché, tellement parlé,
  Tellement aimé ton ombre,
  Qu'il ne me reste plus rien de toi.
  (Robert Desnos)

- La boulangère poussa un tel cri, elle se renversa si fort en arrière et toutes ses voisines l'imitèrent si bien, que le banc se rompit ... *(Alain-Fournier)*

- Sa faiblesse était telle qu'elle ne pouvait descendre à l'atelier. *(Émile Zola)*

- Longtemps ! toujours ! ma main dans ta crinière lourde
  Sèmera le rubis, la perle et le saphir,
  Afin qu'à mon désir tu ne sois jamais sourde ! *(Charles Baudelaire)*

- Les uns assuraient que le feu paraissait très éloigné de Saint-Clair ; d'autres insistaient pour que sonnât le tocsin. *(François Mauriac)*

- Tu as écrit pour être un grand musicien, pour qu'on t'admirât. *(Romain Rolland)*

- Dieu sait que je vous estime assez pour ne pas mentir. *(Stendhal)*

- Le mot à peine prononcé, j'ai vu monter dans son regard je ne sais quelle lueur, mais il était trop tard pour que je puisse empêcher quoi que ce soit. *(Georges Bernanos)*

- Debout chantez plus haut en dansant une ronde
  Que je n'entende plus le chant du batelier. *(Guillaume Apollinaire)*

- Mais, de crainte qu'on ne nous voie ensemble, retirons-nous d'ici et je vous dirai en marchant ce que je souhaite de vous. *(Molière)*

- Je me presse de rire de tout, de peur d'être obligé d'en pleurer. *(Beaumarchais)*

- Une sorte de cap arrêtait le regard d'un côté, tandis que de l'autre la ligne des côtes se prolongeait indéfiniment jusqu'à n'être plus qu'un trait insaisissable.
  (Guy de Maupassant)

- Je pense donc je suis. *(Descartes)*

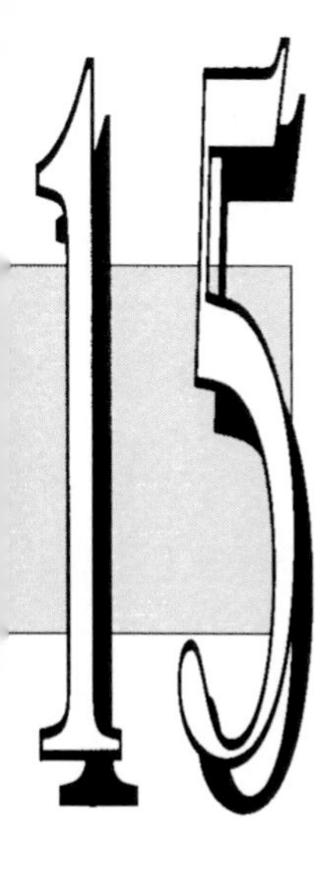

L'EXPRESSION DE L'OPPOSITION ET DE LA CONCESSION

Choix du mode et du temps de la subordonnée .... 1 à 3
Choix de la conjonction, du mode et du temps .... 4 - 5
Phrases à compléter .... 6 - 7
Différents moyens d'exprimer l'opposition 8
Exercices de liaison .... 9 à 12
Termes et locutions exprimant l'opposition .... 13 à 15
Textes d'auteurs .... 16 - 17
Phrases d'auteurs

1. Mettre le verbe indiqué entre parenthèses au mode et au temps qui conviennent :

1. Les patineurs se sont hasardés sur le lac bien que la glace (ne pas être) très épaisse.
2. Quoiqu'on (allumer) un grand feu dans la cheminée, elle grelottait dans ses vêtements humides.
3. Ils sont venus à notre mariage sans que nous les (inviter).
4. Le mystère commence à s'éclaircir, encore qu'il (falloir) apporter la preuve de certaines complicités.
5. Bien qu'il (se conduire) souvent avec légèreté, il n'est pas totalement dépourvu de savoir-vivre.
6. Je lui disais "vous" alors que lui me (tutoyer).
7. Ce pilote a disparu au cours d'une mission sans qu'on (pouvoir) jamais établir les circonstances exactes de sa mort.
8. Il est probable que le président de la République dissoudra l'Assemblée nationale, encore que rien ne l'y (contraindre).
9. Quoiqu'on (fouiller) minutieusement tous les tiroirs, le testament demeurait introuvable.
10. La légende veut que les gens du Nord soient réservés et taciturnes tandis que les Méridionaux (être) accueillants et expansifs.

2. Même exercice :

1. Qui que vous (prétendre) être, vous devez vous conformer au règlement.
2. Quoi qu'on lui (dire), il ne se fâche jamais.
3. Tout homme, quel qu'il (être), reste attaché à son enfance.
4. Quelle que (pouvoir) être votre lassitude, il faut réagir.
5. Quoi que je (faire), vous me critiquez toujours.
6. Quels que (être) les aléas de l'existence, gardez votre sérénité.
7. Quoi qu'il (pouvoir) raconter, restez vigilant !
8. Quelles que (être) vos intentions, nous vous saurons gré de les exposer avec clarté.

9. Quel que (devoir) être le résultat de mes travaux, je ne regretterai pas le temps que j'y aurai consacré.
10. D'où que vous (venir) et où que vous (aller), vous aurez toujours besoin d'une pièce d'identité.

3. Même exercice :

1. Si exiguë que (être) cette pièce, elle me plaît.
2. Tout intelligent que vous (être), vous êtes tombé dans le piège.
3. Pour originale que (être) cette mise en scène, elle ne réussit pas à sauver la pièce.
4. Quelque malveillantes que (pouvoir) être vos insinuations, je me garderai d'y répondre.
5. Toute compréhensive qu'elle (être), elle a manifesté sa désapprobation.
6. Pour lucratif que (sembler) ce métier, il ne l'intéressait pas.
7. Quelques efforts que (faire) les gouvernements successifs, la France est encore un pays très centralisé.
8. Si chétif qu'il (paraître), il possédait une force physique surprenante.
9. Tout ministre qu'il (être), il n'a pu échapper à la justice.
10. Aussi étonnant que cela (pouvoir) paraître, plus du quart de la superficie de la France est encore couvert de forêts.

4. Mettre le verbe entre parenthèses au mode et au temps qui conviennent :

A.
1. Même si on (tenter) de les en dissuader, les skieurs se seraient aventurés hors des pistes.
2. Quand bien même elle me (supplier) à genoux, je ne céderais pas !
3. Même s'il (ne pas convaincre) les jurés, c'est l'avocat de l'inculpé qui a été le plus brillant.
4. Ils ont décidé de se marier quand bien même leurs parents (s'y opposer).
5. Si la chapelle de la Sorbonne (dater) du XVIIe siècle, les bâtiments qui l'entourent ont été construits vers 1900.

Compléter les phrases suivantes par une conjonction de subordination :

B.
1. ... on les menaçait de représailles, ils resteraient sur leurs positions.
2. ... il échouerait, il ne se démoraliserait pas pour autant.
3. ... elle aime le luxe, elle n'en est pas moins économe.
4. ... en France, le sol est l'un des plus fertiles du monde, le sous-sol, en revanche, est pauvre en ressources.
5. ... rien ne viendrait le troubler, il serait encore inquiet.

5. Compléter les phrases suivantes par : QUELQUE... QUE, QUEL QUE, QUOIQUE ou QUOI QUE :

1. ... puisse être son intelligence, il manque parfois de perspicacité.
2. ... il peigne, il utilise toujours la même palette.
3. ... il peigne admirablement, ses toiles trouvent peu d'acquéreurs.
4. ... sérieuses ... soient vos raisons, vous n'obtiendrez pas gain de cause.
5. Il ne se démonte jamais, ... il advienne.
6. ... il conduise très vite, elle n'éprouve aucune crainte à ses côtés.
7. ... soit la luminosité, le metteur en scène poursuivra le tournage de son film.
8. ... doivent être les conséquences de notre décision, nous les assumerons.
9. Il reste de marbre, ... compliments ... vous lui fassiez.
10. ... elle ne se plaigne jamais, la souffrance se lit sur ses traits.

6. Compléter les phrases suivantes :

1. Si ..., en revanche, sa sœur n'a pas l'oreille musicale.
2. Sans que rien l'ait laissé prévoir, ...
3. Il est sorti indemne de l'accident, encore que ...
4. Philippe ne se déridait pas alors que ...
5. Aussi paradoxal que cela puisse paraître, ...
6. Vous devriez formuler votre critique différemment, si ... que ...
7. De quelque côté que l'on se tourne, ...
8. Bien que Claude soit une excellente cavalière, ...
9. Il suscite le scandale où que ...
10. Elle ne se désespérerait pas quand bien même...

7. Même exercice :

1. Quoi qu'il entreprenne, ...
2. Leur entente semble parfaite, encore que ...
3. Si son allure reste juvénile, ...
4. Quelque embrouillée que soit cette affaire, ...
5. Il est impératif que vous suiviez votre traitement à la lettre, quelle que ...
6. Bien que personne n'ait jamais pu le prouver, ...
7. Toute capricieuse qu'elle paraît, ...
8. Quand bien même on renforcerait les mesures de surveillance, ...
9. On lui a dérobé son portefeuille sans que ...
10. Les valeurs boursières continuent à baisser alors que ...

8. Remplacer le groupe nominal en italique par une proposition subordonnée de même sens :

1. *Malgré l'extrême rigueur du climat*, cette région est habitée.
2. *En dépit de leur soumission apparente*, les rebelles n'ont pas pour autant renoncé à leur lutte.
3. Quelques volontaires continuèrent à fouiller les décombres *contre tout espoir*.
4. *En dépit de ses échecs répétés*, il persévère.
5. *Malgré l'enquête minutieuse des services de police*, aucun élément n'est venu corroborer les déclarations des témoins.

Remplacer les propositions subordonnées en italique par un groupe nominal de même sens :

1. *Bien qu'il fût très tard*, il s'engagea dans les ruelles mal famées de la ville.
2. *S'il est très âgé*, il n'en reste pas moins alerte.
3. *Bien qu'ils soient intervenus rapidement*, les pompiers ont mis plusieurs heures à circonscrire l'incendie.
4. Il a préparé son départ *sans que personne le sache.*
5. *Bien que Viollet-le-Duc l'ait restaurée au XIXe siècle*, Notre-Dame demeure un chef-d'œuvre de l'art gothique.

9. Transformer les phrases suivantes de manière à obtenir une proposition principale et une proposition subordonnée exprimant l'opposition :

1. Ce musée est peu fréquenté ; pourtant il contient des œuvres inestimables.
2. Le jardin des voisins était entretenu avec soin ; par contre le nôtre avait l'air d'une forêt vierge.

3. Les nouvelles semblent alarmantes, toutefois on ne sait rien de précis.
4. Elle détestait l'opéra, en revanche elle aimait la musique de chambre.
5. Mon oncle prétend être adroit ; il ne peut bricoler sans déclencher de catastrophe.
6. L'ébéniste se dit compétent et pourtant il n'a pas su restaurer la commode.
7. Le pont ne paraît pas avoir trop souffert du gel, malgré tout on en a momentanément interdit l'accès.
8. Il a eu beau insister, je ne suis pas revenu sur ma décision.
9. On a élargi la route, cependant la circulation reste malaisée.
10. Vous aurez beau dire et beau faire, vous ne me convaincrez pas !

10. Établir, dans les phrases suivantes, une relation d'opposition ou de concession en effectuant les transformations nécessaires (une ou plusieurs possibilités selon le cas) :

1. Londres et Paris sont des capitales très différentes ; ce ne sont pas des villes très éloignées.
2. Il nous faut maintenant trouver un hôtel ; peu importe le prix et le confort.
3. Vous lui ferez toutes les remontrances possibles : il est trop têtu pour vous écouter.
4. Tout peut arriver ; je ne me repentirai pas de ma décision.
5. La majorité des mots français proviennent du latin ; bon nombre de termes techniques ont une racine grecque.
6. Maints fléaux se sont abattus sur le monde ; l'homme a toujours su les surmonter.
7. Allez où vous voudrez, faites ce que vous voudrez, vous n'échapperez pas à l'invasion de la publicité.
8. Les jours fériés étaient jadis beaucoup plus nombreux qu'aujourd'hui. Cela paraît très étonnant.
9. Il était démuni de tout ; sa fierté l'empêchait de se plaindre.
10. Rimbaud était en son temps un poète maudit ; il est de nos jours célébré de tous.

11. Étudier les différents moyens d'exprimer l'opposition dans les phrases suivantes :

1. Même sablées, les routes de montagne sont dangereuses en hiver.
2. Il a persisté dans ses activités tout en sachant qu'elles étaient illicites.
3. Bien que criblé de dettes, il vit comme si de rien n'était.
4. Habituellement enthousiaste, il semble déprimé depuis quelques semaines.
5. Il a beau dire, nos projets ne l'intéressent guère.
6. Nous avions franchi la frontière sans nous en apercevoir.
7. Mis en demeure de prendre position, il se déroberait encore.
8. Quoique aimant la musique, il n'allait jamais au concert.
9. Perclus de rhumatismes, Renoir peignit jusqu'à la fin de sa vie.
10. Pour être jeune, elle n'en était pas moins responsable de ses actes.

**12. Récrire les phrases suivantes en utilisant d'autres procédés exprimant l'opposition :*

1. L'infirmière était harassée ; elle se rendit pourtant au chevet du malade qui la réclamait.
2. Le paquebot *Titanic* était réputé insubmersible ; il coula à pic lors de sa première traversée.
3. Écrivez-lui si vous voulez : elle ne prend jamais la peine de répondre !
4. Le chirurgien reconnaissait les mérites de son assistant : il ne l'en trouvait pas plus sympathique.
5. Sa famille l'en détournerait-elle, il s'obstinerait encore à vouloir être acteur.
6. Elle mourait de peur, elle réussit cependant à faire croire à son courage.
7. Mon manteau est léger, il n'en est pas moins chaud.
8. J'habite en banlieue : je ne me sens pas pour autant loin de tout.
9. Il nous a attiré beaucoup d'ennuis ; il est trop gentil pour qu'on lui en veuille.
10. Elle est irrésolue ; ce jour-là, elle a cependant pris une décision rapide.

*13. Compléter les phrases en utilisant des expressions variées marquant l'opposition : SI ... QUE, POURTANT, AVOIR BEAU, MALGRÉ, etc.

1. ...... soit finalement notre résolution, nous ne l'aurons pas prise de gaieté de cœur.
2. ...... bourru ...... il semble, il a le cœur sur la main.
3. Elle me prodigue des sourires, et ...... elle me déteste du fond du cœur.
4. ...... l'on aille dans cette ville en ruine, on a le cœur serré.
5. ...... nous n'étions pas très intimes avec nos voisins, nous étions de tout cœur avec eux dans cette épreuve.
6. ...... il m'en coûte, j'aurai à cœur de remplir mes obligations.
7. Vous ...... protester de votre bonne foi, j'en aurai le cœur net : je ferai toute la lumière sur cette affaire.
8. ...... charitable ...... il se dise, on sent bien qu'il agit à contrecœur.
9. ...... elle essaie de faire contre mauvaise fortune bon cœur, sa déception est évidente.
10. Chacun sait que, ... sa désinvolture apparente, il prend sa tâche à cœur.

*14. Compléter les phrases par l'une des expressions suivantes : OR, POURTANT, CEPENDANT, TOUTEFOIS, NÉANMOINS, MALGRÉ TOUT, TOUT DE MÊME, EN TOUT CAS :

1. D'un naturel nonchalant, il a su ...... tirer son épingle du jeu.
2. Personne ? C'est ...... ici que nous avions rendez-vous avec nos amis !
3. Elle veut devenir infirmière ; ...... elle s'évanouit à la vue du sang : elle devrait réfléchir !
4. Elle éprouvait pour lui de l'admiration, mêlée de crainte peut-être, mais de l'admiration ...
5. Si le cloître est fermé, nous pourrons ...... visiter l'église.
6. L'imparfait du subjonctif est un temps littéraire. ..., on peut le rencontrer dans un journal.
7. Ces plantes dépérissent ; et ..., le jardinier en prend un soin extrême.
8. Il est tard. Que vous veniez ou non, ... nous, nous partons.
9. La réunion était annoncée pour le 20 avril. ..., les principaux orateurs se sont décommandés : il a donc fallu la reporter.
10. Il n'a pas réussi l'ascension : ce n'était ...... pas au-delà de ses forces !

15. Employer chacune des expressions suivantes dans une phrase :

Au contraire — à l'inverse – au lieu de — loin de — à l'insu de — contre son gré — contre toute attente — quitte à — quoi qu'il en soit — à ses risques et périls.

16. Texte : *Montrer comment la narratrice tempère chaque opposition par une concession pour justifier et mettre en valeur le sentiment d'espoir qui l'anime.*

– Dites-moi donc pourquoi je ne peux pas être triste... Non, ça ne dure pas, ça n'a jamais duré, je ne peux pas être triste, quoi qu'il m'arrive... Est-ce de l'égoïsme ? Vraiment, je ne crois pas. Ce serait trop vilain, et d'ailleurs j'ai beau être gaie, j'ai le cœur fendu tout de même au spectacle de la moindre douleur. [...] Autour de moi, tout a beau péricliter, s'effondrer, je suis quand même, dès le lendemain, gaie et confiante sur les ruines. J'ai pensé souvent que mon cas est, en petit, celui de l'humanité, qui vit, certes, dans une misère affreuse, mais que ragaillardit la jeunesse de chaque génération. [...] Voyez-vous, j'ai beaucoup trop lu pour une femme, je ne sais plus du tout où je vais, pas plus, d'ailleurs, que ce vaste monde ne le sait lui-même. Seulement, c'est malgré moi, il me semble que je vais, que nous allons tous à quelque chose de très bien et de parfaitement gai.

Elle finissait par tourner à la plaisanterie, émue pourtant, voulant cacher l'attendrissement de son espoir ; tandis que son frère, qui avait levé la tête, la regardait avec une adoration pleine de gratitude.

Émile Zola, *L'Argent*, chap. II (1891).

***17. Texte :** Justifier dans ce texte l'orthographe de QUELLE QUE, QUELQUE, QUEL QUE.*

Maupassant déjeunait souvent au restaurant de la Tour Eiffel, que pourtant il n'aimait pas : c'est, disait-il, le seul endroit de Paris où je ne la vois pas. Il faut, en effet, à Paris, prendre des précautions infinies pour ne pas voir la Tour ; quelle que soit la saison, à travers les brumes, les demi-jours, les nuages, la pluie, dans le soleil, en quelque point que vous soyez, quel que soit le paysage de toits, de coupoles ou de frondaisons qui vous sépare d'elle, la Tour est là.

Roland Barthes, *La Tour Eiffel* (1964).

Phrases d'auteurs :

Conjonctions de subordination

- Sur la rive droite, le quartier des Tuileries avait le rose pâli d'une étoffe couleur chair, tandis que, vers Montmartre, c'était comme une lueur de braise, de carmin flambant dans de l'or. *(Émile Zola)*

- Alors que, jusque là, il avait été poussé par une espèce de fièvre intérieure, il devenait calme, brusquement, d'un calme tel qu'il n'en avait jamais connu de pareil. *(Georges Simenon)*

- Quoiqu'il fît froid et qu'il y eût même encore de la neige, la terre commençait à végéter. *(Rousseau)*

- Quoique riche et jeune, Zadig savait modérer ses passions. *(Voltaire)*

- Anquetil était l'être le plus fantaisiste du monde, bien qu'il ne rît jamais, de même qu'il en était le plus exalté, encore qu'il affectât un très grand calme dans toutes les circonstances de la vie. *(Paul Morand)*

- Neuf heures trois quarts venaient de sonner à l'horloge du château, sans qu'il eût encore rien osé. *(Stendhal)*

- Il n'est jamais agréable qu'on dise qu'un homme quel qu'il soit s'est jeté à l'eau en nous quittant. *(Alfred de Musset)*

- Quelles que soient l'heure et la saison, c'est toujours un lieu sans pareil que ces jardins de Versailles. *(Henri de Régnier)*

- Quoi qu'on fasse, on est toujours seul au monde. *(Honoré de Balzac)*

- Le mot à peine prononcé, j'ai vu monter dans son regard je ne sais quelle lueur, mais il était trop tard pour que je puisse empêcher quoi que ce soit. *(Georges Bernanos)*

- J'ai peu voyagé mais où que j'aille, je n'aime que la rue, et la vie. *(Paul Léautaud)*

- Quoi qu'il en soit, je ne puis refuser mon cœur à tout ce que je vois d'aimable. *(Molière)*

- Si pauvre qu'il fût, il trouvait moyen d'apporter un souvenir à chacun. *(Romain Rolland)*

- Si draconien soit-il, un règlement trouve toujours des accommodements. *(Hervé Bazin)*

- Aucune mise en scène, aussi ingénieuse soit-elle, ne vaudra jamais la magie évocatoire d'une phrase. *(Pierre Henri Simon)*

- Pour grands que soient les rois, ils sont ce que nous sommes.
  Ils peuvent se tromper comme les autres hommes. *(Corneille)*

- Je ne me sentis à mon aise que lorsque la lumière, toute faible qu'elle était, se mit à briller autour de nous. *(Julien Green)*

- Si l'ordre est le plaisir de la raison, le désordre est le délice de l'imagination. *(Paul Claudel)*

- Le fanatique, lui, est incorruptible : si pour une idée il tue, il peut tout aussi bien se faire tuer pour elle ; dans les deux cas, tyran ou martyr, c'est un monstre. *(Cioran)*

- Mais quand l'univers l'écraserait, l'homme serait encore plus noble que ce qui le tue puisqu'il sait qu'il meurt et l'avantage que l'univers a sur lui, l'univers n'en sait rien. *(Pascal)*

Autres moyens d'expression

- Sans avoir jamais voulu m'opposer à Auguste Perret, mais, au contraire, bénéficiant de son effort, je me suis très particulièrement penché sur le problème logis-urbanisme, binôme indissociable. *(Le Corbusier)*

- Aucun changement notable n'avait altéré ses traits, et pourtant il se reconnut à peine. *(Michel Tournier)*

- La sirène, ce soir-là, fut interminable. Mais elle cessa cependant, comme les autres soirs. *(Marguerite Duras)*

- Étions-nous pauvres ? C'est évidemment relatif. En tout cas je n'ai jamais éprouvé dans mon enfance le moindre sentiment de pauvreté. *(Alain Robbe-Grillet)*

- Peu à peu, je me remis à écrire, et je composai une de mes meilleures nouvelles. Toutefois, je l'écrivis péniblement, presque toujours au crayon, sur des feuilles détachées, suivant le hasard de ma rêverie ou de ma promenade. *(Gérard de Nerval)*

■ On tirait dans le brouillard au matin et, plus tard, dans la fumée. La distance néanmoins était petite. *(Jules Michelet)*

■ Loin d'attirer la sympathie par ses manières raffinées, il se fit rabrouer. *(Paul Vialar)*

■ Ma grand-mère [...] avait d'incessantes discussions avec mon père, les jours de trop grande pluie, parce qu'il m'envoyait lire dans ma chambre au lieu de rester dehors. *(Marcel Proust)*

■ Ah ! pour être dévot, je n'en suis pas moins homme.*(Molière)*

■ Tu m'as abandonné, dit Colin ; mais tu as beau être grand seigneur, je t'aimerai toujours. *(Voltaire)*

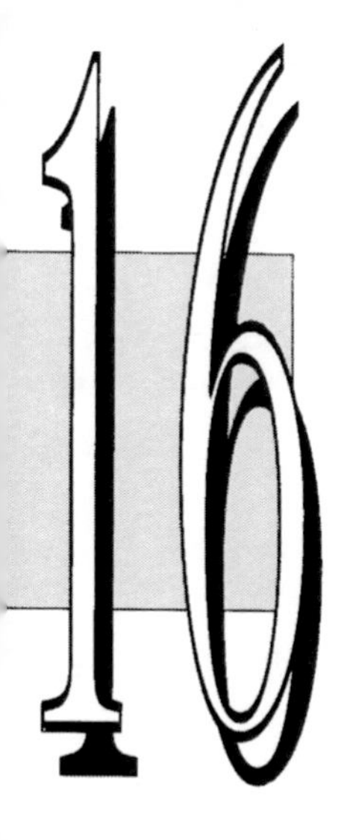

L'EXPRESSION DE L'HYPOTHÈSE ET DE LA CONDITION

SI .... 1 à 3
SI, QUE 4
SI JAMAIS, MÊME SI, COMME SI 5
Locutions conjonctives .... 6 - 7
Phrases à compléter .... 8 à 10
Exercices de substitution .... 10 à 14
Exercice de liaison 15
Exercice de vocabulaire 16
Texte d'auteur 17
Phrases d'auteurs

1. SI — Mettre le verbe entre parenthèses au mode et au temps qui conviennent :

1. Si je (pouvoir) obtenir une place, j'assisterai volontiers à ce concert.
2. Si vous (ressentir) des vertiges, gardez la chambre.
3. Si vos malaises (ne pas se dissiper) complètement avant ce soir, il faudra appeler un médecin.
4. Si vous (suivre) ce traitement, vous en ressentiriez vite les bienfaits.
5. Si l'on (exécuter) mieux le travail, le mur ne se serait pas écroulé.
6. Si ce jeune homme (poursuivre) ses études, il pourrait prétendre aujourd'hui à une meilleure situation.
7. Si ses activités professionnelles le lui (permettre), elle se serait remise à la musique.
8. Si des difficultés (survenir), il faudra absolument me prévenir.
9. Si des difficultés quelconques (survenir), il ne faudrait pas hésiter à me prévenir.
10. Si des difficultés (surgir) ou qu'un événement imprévu (se produire), prévenez-moi immédiatement.

2. Même exercice :

1. Si je (avoir) quelque loisir, je me plonge dans la lecture d'un roman.
2. Lis donc ce roman si tu (disposer) de quelques heures.
3. S'il (entrer) dans une librairie, il en ressort avec un livre.
4. Le navire ne se serait pas brisé sur les récifs si l'amarre (ne pas se rompre).
5. S'il (se présenter) une difficulté que vous ne sachiez résoudre, parlez-m'en.
6. Je suivrais les cours du Collège de France, si j'en (avoir) le temps.
7. Si la grève des cheminots s'était poursuivie, beaucoup d'entreprises (être en difficulté) aujourd'hui.
8. Si Christophe Colomb (ne pas changer) de route, il eût pris possession de la Floride.
9. Si une pièce (mériter) jamais le titre de "tragédie", c'est bien celle-ci.
10. Si Louis XIV (ne pas entourer) de flatteurs, il n'aurait pas été imbu à ce point de sa supériorité.

3. Même exercice :

1. Si vous faites partie d'une collectivité, vous (bénéficier) d'un tarif réduit.
2. Si vous (vouloir) prendre part à l'excursion, il faudrait vous inscrire sans tarder.
3. Si je ne lui avais pas fait part de mon projet, il me (en vouloir).
4. Si vous (souhaiter) tirer le meilleur parti de votre séjour à Paris, ce guide ne vous suffira pas.
5. Si vous (exprimer) votre opinion, on vous reproche d'être de parti pris ; si vous (ne pas prendre parti), on vous accuse de lâcheté.
6. Si je (être) à votre place, j'aurais pris le parti inverse.
7. Si le problème se révélait insoluble, il vous (falloir) en prendre votre parti.
8. Si la police (ne pas intervenir), le malfaiteur aurait été pris à partie par la foule.
9. Si vous (se taire), vous auriez fait la part belle à vos adversaires.
10. Si vous faisiez la part des choses, vous (s'apercevoir) que la situation n'a rien de désespéré !

4. SI, QUE — Même exercice :

1. Si elle (prendre) la parole, le silence s'établit.
2. S'il apprenait la nouvelle, il la (répandre) sur-le-champ.
3. Qu'on le (contredire), son visage se ferme immédiatement.
4. Si le soldat avait désobéi aux ordres, il (se retrouver) en prison.
5. S'il (réfléchir) un peu plus, il aurait trouvé la solution.
6. Qu'un bruit insolite (déchirer) le silence de la nuit, aussitôt les chiens des fermes voisines se mettaient à aboyer.
7. Si le médicament entraîne un effet secondaire et que vous (ressentir) le moindre trouble, (suspendre) le traitement.
8. Qu'il (pleuvoir) ou qu'il (venter), on le voit arpenter les allées de son jardin.
9. Qu'il (acquérir) cette parcelle de terrain ou qu'au contraire il (devoir) y renoncer, la valeur de son domaine n'en sera pas sensiblement modifiée.
10. Vous ferez le trajet en moins d'une heure, soit que vous (emprunter) la route forestière, soit que vous (longer) la côte.

5. SI JAMAIS — MÊME SI — COMME SI, etc. Même exercice :

1. Si jamais des produits chimiques (se déverser) dans le fleuve, les conséquences en seraient catastrophiques.
2. Stupéfaits, nous regardions l'animal comme s'il (surgir) du néant.
3. Il (se produire) encore des accidents sur les routes même si la réglementation est plus sévère.
4. Si par hasard vous (éprouver) de l'inquiétude, il ne faudrait pas hésiter à nous en faire part.
5. Il se comporte toujours comme si tout lui (devoir).
6. La réunion se tiendra dans le parc sauf s'il (venir) à pleuvoir.
7. Ah ! Si seulement vous (faire appel) à moi !
8. Si vraiment vous vous obstiniez dans votre refus, nous (reconsidérer) notre position.
9. Il (marcher) à pas feutrés comme s'il eût craint d'être surpris.
10. Je (s'entretenir) volontiers avec lui si du moins il faisait montre d'une plus grande tolérance.

6. Locutions conjonctives — Même exercice :

1. Nous commencerons nos travaux de jardinage à condition que le temps (s'adoucir).
2. Au cas où le barrage (se rompre), toute la vallée serait inondée.
3. Le directeur ne prendra aucune mesure de licenciement à moins que la situation économique ne l'y (contraindre).

4. Peu lui importait le cadre du restaurant pourvu que l'on y (faire) bonne chère.
5. La paix sera signée dans la mesure où les deux parties (consentir) à faire des concessions.
6. À supposer que le brouillard (s'épaissir), il faudrait renoncer à poursuivre l'escalade.
7. L'armée se retirera de ses positions à condition que l'adversaire (s'y résoudre) également.
8. En admettant que la cordée (atteindre) le sommet avant la nuit, tout risque n'en serait pas pour autant écarté.
9. Il était bien convenu que l'excursion en mer aurait lieu à moins que le mistral ne (se lever).
10. Au cas où la cour d'assises (acquitter) l'accusé, il serait libéré sur l'heure.

*7. *Même exercice :*

1. Quand bien même il (être) le dernier homme sur terre, elle refuserait de l'épouser.
2. Georges pourrait nous servir de guide, si tant est qu'il (connaître) bien la ville.
3. Yves est très susceptible : pour peu que vous le (critiquer), il prend la mouche.
4. Suivant qu'on la (louer) ou qu'on la (blâmer), elle se montrait aimable ou renfrognée.
5. Pour autant que je (savoir), on peut difficilement modifier les plans de ce bâtiment.
6. Un départ pour la Chine est prévu le 27 juin sous réserve qu'on (réunir) un nombre suffisant de participants.
7. Pour peu que (survenir) la moindre difficulté, il perd tous ses moyens.
8. Quand même il (geler) à pierre fendre, les recherches continueraient.
9. Nous lui expliquerons notre point de vue si tant est qu'elle (vouloir) bien nous écouter.
10. Selon qu'on le (regarder) de face ou de profil, son expression variait du tout au tout.

8. *Compléter les phrases suivantes :*

1. Si ......, toute la ville se trouverait plongée dans l'obscurité.
2. Si ... et que ....., elle est toujours prête à vous rendre service.
3. À supposer que ....., la représentation se déroulerait dans la salle des fêtes.
4. Au cas où ......, il faudrait sans délai alerter sa famille.
5. Pour peu que ....., elle se retire dans un silence hautain et boudeur.
6. Que ......, elle se précipite aussitôt à la fenêtre.
7. Nous vous rejoindrons en Italie à moins que ...
8. Soit que ......, soit que ......, elle restait impassible.
9. Pourvu que ......, ils ne vous feront aucun mal.
10. Je peux venir quand vous le désirez, à condition que ......

9. *Même exercice :*

1. Au cas où vous n'auriez pas besoin de vos outils, ...
2. L'affaire sera vite réglée, si tant est que .....
3. Si la possibilité m'en était offerte,......
4. Son visage se rembrunit ou s'épanouit selon que ...... ou que ......
5. À supposer que la visibilité s'améliore, ...
6. Quand bien même ......, elle ne se découragerait pas.
7. ...... à condition qu'il ne grêle pas en septembre.
8. Elle poussa un hurlement comme si ......
9. ...... à moins que le verglas ne rende la circulation difficile.
10. Si une vague de froid s'abattait sur le pays, ...

10. *Étudier les différents moyens d'exprimer l'hypothèse et remplacer le groupe de mots en italique par une proposition subordonnée de même sens :*

1. *En signant ce contrat,* vous vous exposeriez à maintes difficultés.
2. *Le marché se développant*, on créerait de nouveaux emplois.
3. *À toujours gémir*, on finit par lasser autrui.
4. *En prenant l'avion*, vous auriez pu faire l'aller-retour dans la journée.
5. *Livré à lui-même*, il eût échoué lamentablement.
6. *À les en croire*, ils auraient, à eux seuls, élucidé le mystère.
7. *La façade restaurée et la toiture refaite*, cet immeuble retrouverait son caractère originel.
8. *Se retrouvant face à face*, ils se querelleraient de nouveau.
9. *Plus jeune*, il se serait lancé dans une carrière politique.
10. Vous n'aurez accès à ces manuscrits *qu'à condition d'y être autorisé par le conservateur de la bibliothèque.*

11. *Remplacer la proposition subordonnée en italique par une tournure équivalente (infinitif, gérondif, participe, etc.) :*

1. *Si on l'en croyait*, il n'aurait aucun tort.
2. *Si on l'accuse*, il se défendra.
3. *A moins qu'on ne les expulse*, les locataires ne sont pas près de quitter les lieux.
4. *Si elle avait été moins naïve*, elle aurait flairé la supercherie.
5. Il aurait provoqué un grand malheur *s'il eût cédé à la colère.*
6. Il luttera âprement *à condition que son entourage le soutienne.*
7. *Si on avait taillé les rosiers*, on aurait obtenu une deuxième floraison.
8. *Si l'on vous écoutait*, rien ne serait plus facile que de gérer cette entreprise.
9. *Si on l'avait mieux guidé,* cet enfant aurait pu devenir un grand artiste.
10. *S'il avait été convenablement soigné*, cet homme se serait rétabli plus rapidement.

12. *Remplacer le groupe nominal en italique par une proposition subordonnée de même sens :*

1. *A votre place*, je ne me vanterais pas d'un tel succès.
2. *Avec une autre coiffure*, Claire aurait l'air plus jeune.
3. *Sans la musique*, la vie semblerait morne.
4. *A défaut de passeport*, vous franchirez la frontière avec une simple carte d'identité.
5. *Par temps clair*, on aurait distingué les îles.
6. *Dans un autre coloris*, ce tissu me plairait davantage.
7. *Faute d'une intervention chirurgicale rapide*, je ne réponds pas de l'état du blessé.
8. *A moins d'un changement de programme*, les deux candidats participeront à un débat télévisé le 15 mars.
9. *En cas de rupture du contrat*, nous nous engageons à vous verser des dédommagements.
10. *Moyennant un léger supplément*, la livraison se fera dans les 48 heures.

13. *Remplacer le groupe en italique par une proposition subordonnée de même sens :

1. *À moins d'être crédule*, on ne peut accorder foi à ce qu'il avance.
2. *À en juger par l'apparence*, cet homme passerait pour avare.
3. *À la moindre observation*, elle fondait en larmes.

4. On irait loin *avec de tels raisonnements* !
5. *Sauf incident imprévu*, nous vous rejoindrons dans deux jours.
6. *Un mot de plus*, je le giflais !
7. *Sans ce contretemps*, nous parvenions à nos fins.
8. *En cas de rejet de votre candidature*, ne perdez pas courage.
9. *Un coup de barre malencontreux* et le voilier se retournait.
10. L'architecte mettra au point son projet, *quitte à travailler jusqu'à l'aube.*

*14. Remplacer les propositions subordonnées en italique par un groupe nominal de même sens :

1. *Si j'étais toi*, je ne repousserais pas cette offre.
2. *Si l'épidémie se propageait*, on mettrait la ville en quarantaine.
3. *Au cas où les relations diplomatiques seraient rompues*, la situation irait en s'aggravant.
4. *S'il faisait beau*, on verrait les sommets se profiler à l'horizon.
5. *A moins qu'il ne tombe dans les derniers kilomètres*, la victoire de ce coureur cycliste est assurée.
6. *Si elle n'avait pas eu ces yeux rieurs*, elle aurait perdu un peu de sa séduction.
7. *Sauf s'il survient un contrordre*, la manifestation est prévue pour le premier lundi de décembre.
8. *Si on lui accordait une augmentation de salaire*, il consentirait à se fixer en province.
9. *Si vous ne trouvez pas d'iris*, achetez des roses !
10. *S'il avait été plus attentif*, il eût entendu un cri étouffé.

15. Transformer les phrases suivantes de manière à obtenir une proposition principale et une proposition subordonnée exprimant la condition :

1. Abstenez-vous de fumer, vous ne tousserez plus.
2. La porte du jardin restait-elle ouverte, l'œil ébloui découvrait d'insoupçonnables merveilles.
3. On m'offrirait ce joyau, je ne le porterais pas.
4. L'aurait-on laissé faire, cet enfant brisait tout dans la chambre.
5. Abordez trop vite le virage et vous vous retrouverez dans le fossé.
6. N'étaient les pommiers en fleurs, on se croirait en hiver.
7. Mon grand-père avait-il égaré ses lunettes, ma mère abandonnait tout pour les chercher.
8. Ne t'attarde pas, sinon tu seras pris par la nuit.
9. Celui qui résoudrait ce problème serait un bienfaiteur de l'humanité.
10. Il n'aurait pas gaspillé son héritage, il ne serait pas aujourd'hui dans le besoin.

16. Employer chacune des expressions suivantes dans une phrase :

Encore faut-il que — ne serait-ce que — pour peu que — sous réserve que — moyennant — n'était — si je ne m'abuse — le cas échéant — quitte à — sous peine de.

17. Texte :

A. Les SI du texte ont-ils tous la même valeur ?
B. Justifier les différents temps employés après SI.

Si

Personnages
Jean-Marie, Marie-Jeanne
Dick

Jean-Marie : Si je n'étais pas là-bas, je serais ici, à moins que je ne sois encore ailleurs. Si je suis présent, c'est que je ne suis pas absent, en revanche, si je ne suis pas absent, c'est vraisemblablement parce que je suis présent. Si je ne t'avais pas écrit cette lettre, si je ne te l'avais pas envoyée, si tu ne l'avais pas décachetée, si tu n'avais pas appris à lire, tu n'aurais pu prendre connaissance de son contenu. Si je n'étais pas un jeune garçon (une jeune fille), je pourrais être une vieille fille, un vieux garçon, un bœuf, un châtaignier, une pièce de théâtre, une statue. Si je n'étais rien de tout cela, je pourrais être autre chose ou rien du tout.
Si j'étais, je penserais, mais quoi ? Si je pensais, je serais, mais qui ? Si j'avais démoli la maison de l'intérieur, elle se serait écroulée sur ma tête et je ne serais plus ce que je pensais que j'étais et ne penserais plus à tout ce que j'avais pensé.
Marie-Jeanne : Si je n'étais pas un autre, je serais moi-même. Si je n'avais pas eu trois jambes, quatre bras, deux têtes, je n'aurais pas été comme tout le monde. Si je suis normale, c'est parce que je ne suis pas comme les autres.
Dick : Cher monsieur Ionesco, si vous ne faisiez pas dire des choses stupides, vous écririez des choses plus faciles à faire apprendre aux élèves américains; si ceux-ci veulent bien acquérir le manuel de langue française que vous préparez en collaboration avec M. Bénamou. Si celui-ci avait été plus sensé, il ne vous aurait pas demandé d'écrire les dialogues qu'il doit commenter syntactiquement et morphologiquement s'il le peut, s'il va pouvoir, si cela lui plaît, s'il a déjà fait des travaux de ce genre.

Eugène Ionesco, *Exercices de conversation et de diction françaises pour étudiants américains* (1974).

Phrases d'auteurs :

- Si tu m'apprivoises, ma vie sera comme ensoleillée. *(Antoine de Saint-Exupéry)*
- Si vous voulez partir, la voile est préparée. *(Racine)*
- Les querelles ne dureraient pas si longtemps, si le tort n'était que d'un côté. *(La Rochefoucauld)*
- Si ma mère m'avait appelé, je serais loin. Je suis redescendu parce que c'est toi, papa, qui m'appelais. *(Jules Renard)*
- S'il m'avait bien écouté, s'il était parti à ce moment-là, ça m'aurait arrangé, ça m'aurait fait plaisir. *(Louis-Ferdinand Céline)*
- Ah ! si Albertine avait vécu, qu'il eût été doux, les soirs où j'aurais dîné en ville de lui donner rendez-vous dehors, sous les arcades ! *(Marcel Proust)*

■ Le nez de Cléopâtre, s'il eût été plus court, toute la face de la terre aurait changé. *(Pascal)*

■ Si j'étais aux Tuileries, je voyais aussitôt un cercle se former autour de moi. *(Montesquieu)*

■ Tout à coup, j'éprouvai une impression de raideur dans la nuque, qui gagnait les épaules, comme si on y eût braqué le canon d'une arme. *(Julien Gracq)*

■ Il se chargeait de tout à condition qu'on le laissât agir seul. *(Emile Zola)*

■ Les Français peuvent être considérés comme les gens les plus hospitaliers du monde, pourvu que l'on ne veuille pas entrer chez eux. *(Pierre Daninos)*

■ Pour peu que l'on s'efforçât d'appeler son attention, elle commençait à geindre, à grogner comme un animal. *(André Gide)*

■ Le bonheur passé en tout cas m'est complètement sorti de la mémoire, si tant est qu'il y fût jamais présent. *(Samuel Beckett)*

■ Dans la mesure où cela est possible, j'aurais aimé être, au contraire, un écrivain objectif. *(Albert Camus)*

■ A moins que vous soyez séduit par les dangers de notre vie bohémienne, il faut nous quitter. *(Honoré de Balzac)*

■ Quand vous me haïriez, je ne m'en plaindrais pas
Seigneur [...]. *(Racine)*

■ Qu'il fasse beau, qu'il fasse laid, c'est mon habitude d'aller vers les cinq heures au Palais-Royal. *(Diderot)*

■ Vous passeriez vingt ans à Paris que vous ne connaîtriez pas la France. *(Stendhal)*

■ Pauvre Anne-Marie : passive, on l'eût accusée d'être une charge, active, on la soupçonnait de vouloir régenter la maison. *(Jean-Paul Sartre)*

■ Sans ce secours inespéré, je périssais. *(Honoré de Balzac)*

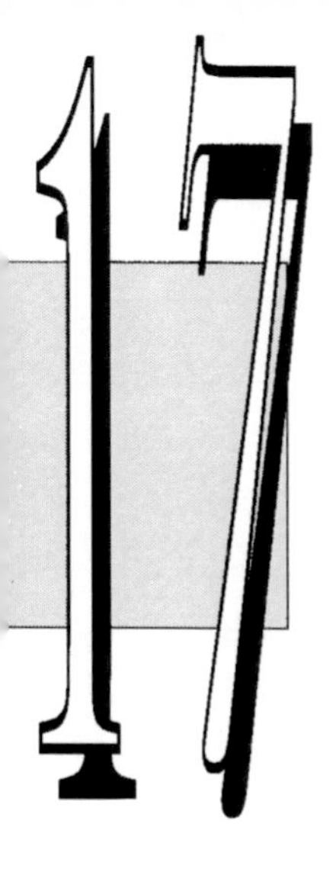

L'EXPRESSION DE LA COMPARAISON

Choix du mode et du temps de la subordonnée......... 1 - 2

Termes et locutions de comparaison
(phrases à compléter)... 3 à 5

Exercices de substitution... 6 à 8

Exercices de vocabulaire... 9 à 11

Texte d'auteur.. 12

Phrases d'auteurs

1. Mettre le verbe entre parenthèses au mode et au temps qui conviennent :

1. Il ment comme il (respirer).
2. Il détala comme le (faire) un malfaiteur.
3. Tu feras comme si tu me (ne voir jamais) !
4. L'équipe de Bordeaux a gagné le match ainsi qu'on le (prévoir).
5. Nous avons retrouvé notre ami tel que nous le (connaître).
6. Sa colère retomba aussi vite qu'elle (monter).
7. Il s'est révélé plus conciliant qu'on ne le (imaginer).
8. Il est moins robuste qu'il ne le (paraître).
9. Elle s'est comportée beaucoup mieux qu'on ne le (croire).
10. Les dégâts causés par la tempête ont été bien pires qu'on ne le (craindre).

2. Même exercice :

A.
1. La pétition a rassemblé autant de signatures qu'on le (escompter).
2. Ce livre d'art contient moins de reproductions qu'on ne (s'attendre) à en trouver dans un pareil ouvrage.
3. Je suis d'autant plus inquiet de ne pas le voir qu'il me (promettre) d'être ponctuel.
4. Vous aurez d'autant moins de chances de me convaincre que vous (insister).
5. Les choses ont tourné tout autrement qu'on ne le (présumer).

B.
1. Autant sa jeunesse (être) paisible, autant sa vieillesse (troubler).
2. Plus le danger (se préciser), plus notre anxiété (croître).
3. Plus le temps (passer), mieux elle (savourer) les petites joies de la vie.
4. Plus on le (réprimander), moins cet enfant (obéir).
5. Plus longtemps vous (laisser) vieillir ce porto, meilleur il (être).

3. Compléter les phrases suivantes :

1. ...... l'heure avançait, ... la conversation s'enlisait.
2. ...... tu feras d'efforts, ... tu réussiras.
3. Ce texte est obscur ; ...... je le lis, ... je le comprends.
4. ...... j'aime les fleurs coupées, ... je déteste les plantes vertes.
5. ...... vous laisserez mijoter le ragoût, ... il sera.
6. ...... vous boirez d'alcool, ... vous vous porterez.
7. ...... elle est enjouée, ... sa sœur est taciturne.
8. ...... le mois de septembre sera ensoleillé, ... sera le raisin.
9. ...... forte sera la musique, ... intime sera l'atmosphère.
10. ...... vous tarderez à consulter un médecin, ... vous souffrirez et ...... sûre sera la guérison.

**4. Même exercice :*

1. Il est ...... méfiant ...... son frère est crédule.
2. Dans ses nouvelles fonctions, il dispose de ...... liberté ...... il peut le désirer.
3. J'ai beaucoup ...... raisons de me plaindre ...... vous.
4. On se fatigue ...... vite ...... on est moins résistant.
5. J'ai ...... confiance en lui ...... il nous a souvent bernés.
6. Ce que souhaite le vacancier, c'est toujours ...... de loisirs et toujours ...... de contraintes.
7. Il jouissait de nombreux privilèges et il en réclamait toujours......
8. Je préfère Fauré ...... Ravel.
9. Je préfère lui mentir ...... de le chagriner.
10. ...... vaut tard que jamais.

**5. Compléter les phrases suivantes :*

A.
1. Il resta immobile, ... pétrifié.
2. Il criait ...... on l'égorgeait.
3. La situation était ...... on nous l'avait décrite.
4. À votre place, je n'aurais pas provoqué un ...... scandale.
5. Votre présence nous sera ...... utile ...... agréable.

B.
1. Il nous dévisageait comme si ...
2. Moins vous discuterez de politique avec lui, ...
3. Rien n'est plus déplaisant que de ...
4. Je préfère de beaucoup ...
5. Rien ne ressemble plus à ...

**6. Récrire ces phrases en établissant entre les propositions un rapport de comparaison (faire toutes les modifications nécessaires) :*

J'ai 30 ans, ma sœur a 35 ans.
→ *Ma sœur est plus âgée que moi.*
ou : Ma sœur a 5 ans de plus que moi.

1. Je suis parti à midi. Vous aussi.
2. Je mesure 1,80 m. Mon frère également.
3. Votre appartement a une superficie de 100 m2. Le nôtre a une superficie de 80 m^2.
4. Ce feuilleton est excellent. Le précédent était médiocre.

5. Vous avez une importante collection de timbres. Je n'en ai pas de semblable.
6. Cette toile date de 1930. Celle-ci date de 1920.
7. Leur accueil a été très aimable ; je ne m'y attendais pas.
8. L'air se raréfie : nous respirons mal.
9. Nous sommes arrivés à 9 h 30. Vous êtes arrivés à 9 h 20.
10. Chartres se trouve à 100 km de Paris. Angers se trouve à 300 km de Paris.

*7. Récrire les phrases suivantes en utilisant d'autres expressions de comparaison mais sans changer le sens général (faire toutes les modifications nécessaires) :

1. Maria parle moins bien le français qu'elle ne l'écrit.
2. Les voitures sont bien plus rapides aujourd'hui que jadis.
3. Plus le trajet sera long, plus la fatigue sera grande.
4. Je trouve que ce roman est aussi passionnant que l'autre.
5. La vente aux enchères a moins rapporté qu'on ne l'espérait.
6. Nos adversaires étaient en fait moins vindicatifs qu'on n'aurait pu le craindre.
7. Plus le satellite est lourd, plus la fusée doit être puissante.
8. Tous les partis politiques, aussi bien ceux de droite que ceux de gauche, ont répondu à l'invitation du premier ministre.
9. Les Français consomment aujourd'hui deux fois moins de pain qu'il y a cinquante ans.
10. Michel surpasse tous ses camarades en rapidité.

8. Récrire les phrases de manière à utiliser les adjectifs suivants : *ANALOGUE, AUTRE, COMPARABLE, DIFFÉRENT, IDENTIQUE, MÊME, PAREIL, PRÉFÉRABLE, SEMBLABLE, SIMILAIRE.*

1. Mon point de vue rejoint le vôtre.
2. Cette copie de clavecin reproduit fidèlement l'original.
3. Ces deux vases se ressemblent.
4. Pour moi, la visite détaillée d'une seule salle du musée vaut mieux qu'un survol rapide de l'ensemble.
5. Selon certains Parisiens, Notre-Dame ne peut être comparée à aucune autre cathédrale.
6. Il est indispensable que je consulte un dictionnaire : le mien est incomplet.
7. Vous me faites part de votre tristesse à la pensée de nous quitter ; j'éprouve aussi ce sentiment.
8. Jamais je n'avais vu d'exposition comme celle-ci.
9. *Les Fleurs du Mal* de Baudelaire parurent en 1857, comme *Madame Bovary* de Flaubert.
10. Les derniers poèmes de Rimbaud ne ressemblent pas du tout aux premiers.

9. Composer des phrases avec les expressions suivantes :

A. Une espèce de — une sorte de — la similitude — la ressemblance — autrement — différemment — pareillement — en comparaison de — à côté de — par rapport à.

B. Comparer — égaler — ressembler — avoir l'air — feindre — faire semblant — simuler — on dirait — différer — diverger.

10. Expliquer les phrases suivantes :

1. Nos charges de copropriété ont plus que doublé en deux ans.
2. Je vous répète sa phrase telle quelle.
3. Faites comme bon vous semblera.
4. Nous arriverons, au mieux, à sept heures.
5. Chacun est libre de voyager à sa guise.
6. Plusieurs spécialistes, et non des moindres, se sont penchés sur cette question.
7. Il parle anglais comme personne.
8. Il vit tant bien que mal.
9. Autres temps, autres mœurs.
10. Je comprends votre réaction : on aurait peur à moins !

11. Compléter les phrases suivantes par les mots ou expressions appropriés :

Un arracheur de dents — un champignon — un cœur — deux gouttes d'eau — une feuille — un gant — une Madeleine — un moulin — un ogre — un pot.

1. On dirait des jumeaux : ils se ressemblent comme ...
2. Cette robe semble avoir été faite pour vous, elle vous va comme ...
3. Vous pouvez toujours crier, il ne vous entendra pas, il est sourd comme ...
4. Cet enfant respire la santé, il pousse comme ...
5. Fillette, elle était déjà jolie comme ...
6. Il suffit qu'on élève la voix pour que le chiot se mette à trembler comme ...
7. Chaque fois qu'elle voyait un film triste, elle pleurait comme ...
8. On entre dans cette maison comme dans ...
9. Il ment comme ...
10. Son appétit est insatiable, il mange comme ...

12. Texte : Relever les expressions marquant

a) la ressemblance ;
b) la différence.

Si le but de la peinture est toujours comme il fut jadis : le plaisir des yeux, on demande désormais à l'amateur d'y trouver un autre plaisir que celui que peut lui procurer aussi bien le spectacle des choses naturelles. On s'achemine ainsi vers un art entièrement nouveau, qui sera à la peinture, telle qu'on l'avait envisagée jusqu'ici, ce que la musique est à la littérature.

Ce sera de la peinture pure, de même que la musique est de la littérature pure.

L'amateur de musique éprouve, en entendant un concert, une joie d'un ordre différent de la joie qu'il éprouve en écoutant les bruits naturels comme le murmure d'un ruisseau, le fracas d'un torrent, le sifflement du vent dans une forêt, ou les harmonies du langage humain fondées sur la raison et non sur l'esthétique.

De même, les peintres nouveaux procurent déjà à leurs admirateurs des sensations artistiques uniquement dues à l'harmonie des lumières et des ombres et indépendantes du sujet dépeint dans le tableau.

Guillaume Apollinaire, *Les Peintres cubistes. Méditations esthétiques* (1913).

Phrases d'auteurs :

■ Il pleure dans mon cœur
Comme il pleut sur la ville ;
Quelle est cette langueur
Qui pénètre mon cœur ?
(Paul Verlaine)

■ Dans ma cervelle se promène,
Ainsi qu'en son appartement,
Un beau chat, fort, doux et charmant.
(Charles Baudelaire)

■ La nuit montait, pareille à une fumée sombre, et déjà comblait les vallées.
(Antoine de Saint-Exupéry)

■ Il remonta le coteau presque aussi vite qu'il l'avait descendu. *(Prosper Mérimée)*

■ Il estime Rodrigue autant que vous l'aimez. *(Corneille)*

■ On n'est jamais si malheureux qu'on croit ni si heureux qu'on avait espéré.
(La Rochefoucauld)

■ Plus je vieillis et moins je pleure. *(Victor Hugo)*

■ Les beaux livres ne laissent jamais le lecteur tel qu'il était avant de les connaître ; ils le rendent meilleur. *(André Maurois)*

■ Écrivez-moi toujours comme vous le faites, aussi longuement et aussi souvent, aussi intimement surtout. Et que vos nouvelles à tous, dans la mesure où elles pourront dépendre de vous, soient toujours aussi bonnes que mon cœur de fils et de frère a besoin qu'elles soient. *(Saint-John Perse)*

■ De même que le navigateur qui côtoie le continent relève tous les feux l'un après l'autre, de même, au centre des horizons, l'astronome, debout sur la Terre en marche comme un marin sur sa passerelle, calcule, les yeux sur le cadran le plus complet, l'heure totale. *(Paul Claudel)*

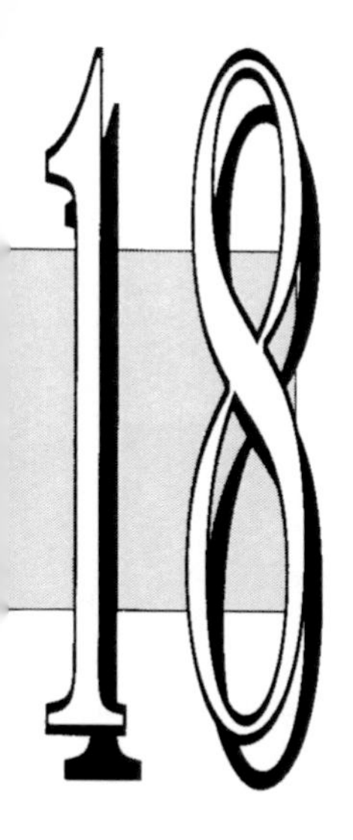

L'ORGANISATION DE LA PHRASE

Phrases nominales et phrases verbales 1
Place des mots. Inversion du sujet. .... 2 - 3
Mise en relief 4
Place de l'adjectif .... 5 à 7
Construction de phrases complexes .... 8 à 10
Mots de liaison. Enchaînement des idées .... 11 à 13
Exercices sur la construction de la phrase .... 14 à 16
Exercices de ponctuation .... 17 - 18
Textes d'auteurs .... 19 - 20

1 Transformer ces phrases nominales en phrases verbales :

A. 1. Suppression totale du contrôle des changes à compter du 1er mars.
2. Catastrophe aérienne aux Açores : 153 morts.
3. Prochaine dévaluation du franc ?
4. Élections législatives les 14 et 28 juin prochains.
5. Nouvelle arrestation dans l'affaire de la rue des Pyrénées.
6. Compromis entre les industriels américains et européens.
7. Hausse des prix en janvier : 0,2 %
8. Amélioration du trafic ferroviaire.
9. Préavis de grève des contrôleurs aériens pour le 29 septembre.
10. Départ demain du Tour de France.

Transformer ces phrases verbales en phrases nominales :

B. 1. Le sous-directeur de la banque a été incarcéré.
2. La C.G.T. s'inquiète du projet de réforme des télécommunications.
3. Le nouvel administrateur de la Comédie-Française sera nommé aujourd'hui.
4. Les mutins de la prison de Fleury-Mérogis se sont rendus.
5. Les recherches pour retrouver le chalutier disparu au large de Dieppe ont été suspendues.
6. Le nombre des chômeurs a légèrement diminué en novembre.
7. La police a démantelé un réseau de faux-monnayeurs sur la Côte d'Azur.
8. M. Georges D. a été reçu hier sous la Coupole.
9. L'équipe de France a une nouvelle fois perdu son match contre l'Italie.
10. Les pourparlers sur les questions agricoles ont repris hier à Bruxelles.

2. *Placer les éléments suivants dans un ordre correct (deux ou trois solutions dans certains cas) :*

A. 1. Je veux / voir / tout.
2. Il n'a / pu / rien / jamais / faire.
3. Pensez-vous que / le moment / de partir / soit venu ?
4. Étudiez / du poème / les / vers / cinq / premiers.
5. Devant la mairie / une / place / vaste / s'étendait.
6. Berlioz était / le plus important / de son époque / le musicien / français.
7. Nos cousins / peut-être / ce soir / viendront.
8. Je ne sais / d'où / ce bibelot / provient.
9. Mon voisin / j'entends / quotidiennement / se plaindre.
10. Les vaudevilles de Feydeau / toujours / les spectateurs / rire / font.

B. 1. J'ai / lu / tout / mais je n'ai / compris / rien.
2. Savez-vous / ce que / cet homme / fait ?
3. Sans doute / la nouvelle / vous / connaissez.
4. Jacqueline / seule / était venue.
5. Au coin de la rue / un chien / soudain / surgit.
6. J'ai / une / opinion / de la vôtre / différente / toute.
7. Il neige / donc / d'être / prudent / il s'agit.
8. Les enfants / laissé / sortir / nous avons.
9. Le professeur / fait / aux étudiants / des exercices / faire.
10. Un silence / régna / absolu / pendant / du spectacle / les / minutes / dernières / dix.

3. *Donner les raisons de l'inversion du sujet dans les phrases suivantes :*

A. 1. Le grand magasin fonctionne comme fonctionne une machine.
2. Avec l'avènement d'Hugues Capet commence une nouvelle ère de l'histoire de France.
3. Ne seront admis dans la salle que les membres de la Société ayant réglé leur cotisation.
4. Ses amis, si généreux soient-ils, ne peuvent subvenir à tous ses besoins.
5. Nous n'avons pas, semble-t-il, atteint le but que nous nous étions proposé.
6. Comment pouvez-vous proférer de tels mensonges ? A quoi cela vous sert-il ?
7. A peine l'avion avait-il décollé qu'on donna ordre au pilote de faire demi-tour.
8. Rien, dites-vous, ne s'oppose à ce que nous fassions l'acquisition de votre appartement. Encore faudrait-il que nous en ayons les moyens financiers !
9. Nombreux sont les Américains qui se rendent sur les plages de Normandie où eut lieu le débarquement du 6 juin 1944.
10. S'était-il moqué de nous ? Avait-il oublié sa promesse ? Toujours est-il que nous n'avons jamais reçu de cadeau de sa part.

B. 1. Après la dispute vient l'heure de la réconciliation.
2. Combien de temps pensez-vous que durera la séance ?
3. Nous nous attendions à voir arriver Didier : ce fut son frère.
4. Peut-être aurait-il souhaité que nous le tenions au courant de la situation.
5. "Quels progrès vous avez faits !" s'exclama-t-il.
6. Sans doute Pierre s'est-il enfin habitué à son nouveau poste : c'est, du moins, ce que laissent entendre ses dernières lettres.
7. À chaque réunion se posent les mêmes questions, et elles se poseront tant qu'auront lieu ces réunions.

8. Serait-il exténué, il poursuivrait sa tâche.
9. C'est en croyant venir à mon secours que mes voisins ont forcé la serrure : aussi serait-il mal venu de le leur reprocher !
10. Est-elle grave, cette blessure ?

4. Dans les phrases suivantes, étudier les différents procédés de mise en relief :

A. 1. C'est à moi seulement qu'elle a livré quelques détails, un jour, un soir où son secret devait l'exténuer. *(Félicien Marceau)*
2. L'heure du coucher sonna et voilà qu'on se mit à me reconduire à ma chambre en procession. *(Guy de Maupassant)*
3. De l'abîme de l'âme émergent quelques formes, d'une étrange netteté. *(Romain Rolland)*
4. Tous ces objets ... comment dire ? Ils m'incommodaient. *(Jean-Paul Sartre)*
5. Je ne me reproche rien. Ce que j'ai fait, je le ferais encore. *(Anatole France)*
6. A mesure qu'on avançait, on les perdait, les compagnons. *(Louis-Ferdinand Céline)*
7. Il a trouvé la solution, la seule. *(Roger Vailland)*
8. Langue d'analyse, le français n'est pas moins langue de synthèse. *(Léopold-Sédar Senghor)*
9. Nous autres, civilisations, nous savons maintenant que nous sommes mortelles. *(Paul Valéry)*
10. Rares sont les hommes libres, je veux dire les hommes qui pensent à l'être et le veulent vraiment. *(Jean Guéhenno).*

Transformer les phrases suivantes en mettant en relief les expressions en italiques :

B. 1. *Les rescapés* ont donné l'alerte.
2. Je vais vous raconter *cette anecdote.*
3. Ils ont célébré leurs noces d'or *voilà deux mois.*
4. Nous hésitions. *J'* ai pris la décision de partir.
5. Chartres est *une ville de tourisme* et aussi de pèlerinage.
6. On ne peut *m'* imputer cette faute.
7. La population n'avait pas connu une telle liesse *depuis des années.*
8. On pratique le rugby *surtout* dans le sud-ouest de la France.
9. La Gaule a été unifiée *par Clovis* après les invasions barbares.
10. *Le baron de Coubertin* a proposé de ressusciter les Jeux Olympiques, *en 1892, à la Sorbonne.*

5. Expliquer le changement de sens suivant la place de l'adjectif :

- une simple question
  une question simple
- sa propre voiture
  une voiture propre
- un pauvre enfant
  un enfant pauvre
- un grand homme
  un homme grand
- mon ancien appartement
  un appartement ancien
- une curieuse personne
  une personne curieuse
- un petit enfant
  un enfant petit
- un certain âge
  un âge certain
- une brave femme
  une femme brave
- un sérieux travail
  un travail sérieux

6. Placer convenablement les adjectifs :

1. Un nez / petit, retroussé.
2. Une expérience / originale, intéressante.
3. Une découverte / scientifique, importante.
4. Un sujet / vaste, complexe.
5. Un rideau / grand, rouge.
6. Une chatte / blanche, adorable.
7. Un romancier / français, célèbre.
8. Une étoffe / belle, soyeuse.
9. Un groupe / international, puissant.
10. Un mur / gris, haut.
11. Un village / petit, pittoresque.
12. Un procédé / industriel, nouveau.
13. Un tableau / rectangulaire, vert.
14. Un appartement / joli, ensoleillé.
15. Un homme / vieux, bourru.
16. Un roman / policier, passionnant.
17. Une voix / aiguë, vilaine.
18. Des cheveux / longs, bouclés.
19. Une voiture / blanche, noire.
20. Des difficultés / économiques, sociales, nombreuses.

7. Introduire, en l'accordant, l'adjectif SEUL dans les phrases suivantes :

1. Un exemple suffit.
2. Un homme se promenait sur la digue.
3. J'ai un reproche à vous faire.
4. Elle était restée avec ses trois fils.
5. Les enfants se réjouirent de la tempête de neige.
6. Une maigre pension constituait son revenu.
7. La jeune fille accepta de chanter.
8. Elle n'accepta de chanter qu'une mélodie.
9. Au Moyen Age, le latin était en usage dans les universités.
10. Au Moyen Age, le latin était la langue en usage dans les universités.

8. Relier ces propositions de façon à former une phrase complexe (proposition principale et proposition subordonnée). Utiliser des conjonctions différentes :

1. Nous sommes partis. Nous avons aussitôt regretté notre décision.
2. Il paraissait courtois. Il n'avait pas de mots assez durs pour critiquer ses semblables.
3. L'un des protagonistes s'est désisté : le débat n'a pu avoir lieu.
4. Elle a commis de nombreuses erreurs ; sa réputation n'en a pas souffert.
5. Le président de la République a dissous l'Assemblée nationale ; rien ne l'avait laissé prévoir.
6. Mon oncle était très fatigué par son travail ; il nous accueillait toujours avec le sourire.
7. Les styles de Manet et de Monet sont très différents. On confond parfois ces deux peintres à cause de leur nom.
8. Les bourrasques étaient particulièrement fortes : il était difficile de garder l'équilibre.
9. Antoine a perdu sa situation. Il lui faudra réduire son train de vie.
10. N'achetez pas ce guide de Paris ; il ferait double emploi avec le vôtre.

9. À partir des éléments suivants, rédiger des phrases complexes comprenant une proposition principale et une ou plusieurs propositions subordonnées (faire toutes les transformations nécessaires) :

Les travaux de restauration de l'église dureront plus longtemps que prévu. La pierre est très fragile. L'église date du XIVe siècle.
→ *Les travaux de restauration de l'église, qui date du XIVe siècle, dureront plus longtemps que prévu parce que la pierre est très fragile.*

1. Mon cousin était très souvent intervenu pour nous ; nous n'osions plus lui demander de service.
2. A-t-il réussi ? Qu'a-t-il obtenu ? Je me le demande...
3. L'entrepreneur a parfois confondu intérêt général et intérêt personnel. Personne ne s'en est jamais aperçu.
4. Félicitez-le : il vous ignore ; ignorez-le : il vous sollicite.
5. Les députés n'ont pas examiné tous les textes de loi prévus. Les amendements déposés par l'opposition ont retardé les débats. Une session extraordinaire sera nécessaire.
6. L'étudiant désire changer de classe. Il se plaisait pourtant dans celle-ci ; il suivait le cours avec assiduité. Le professeur est surpris.
7. Van Gogh s'est établi à Paris en 1886 : il n'avait alors aucune notoriété ; il peignait ou dessinait pourtant depuis longtemps.
8. La psychanalyse est une science récente. Elle a bouleversé la réflexion sur les comportements humains ; elle a aussi suscité de nombreuses critiques. Freud en est le père.
9. On donne à la Comédie-Française le *Dom Juan* de Molière : c'est une pièce difficile à jouer ; on s'est souvent interrogé sur sa signification. On attend beaucoup de cette nouvelle mise en scène.
10. Des pluies diluviennes se sont abattues sur l'ouest de la France. Elles ont rapidement provoqué une forte crue des rivières. La météorologie nationale prévoit la fin de ces pluies. Plusieurs villages ont été inondés.

***10. Même exercice :**

1. S'abstenir, ce serait faire le jeu de l'adversaire.
2. Il a beaucoup de talent : il pourra réussir ; il faudra qu'il y mette du sien.
3. Vous pouvez entreprendre votre voyage : rien ne s'y oppose désormais ; vous en avez obtenu l'autorisation.
4. Ne lui demandez pas de rendre des comptes : vous l'indisposeriez.
5. Son récital a obtenu un grand succès : le pianiste a dû jouer encore trois morceaux. Le public applaudissait à tout rompre.
6. La jeune fille s'est esquivée. Personne ne s'en est aperçu. La fête battait son plein.
7. On le lui avait défendu, il savait que c'était dangereux : l'enfant a voulu escalader le mur.
8. Il est lent de nature : il mène à bien ses projets, il ne faut pas le bousculer.
9. Le brouillard était très dense. Trente voitures ont été accidentées dans un carambolage. Aucun blessé grave n'est à déplorer. Les voitures roulaient trop vite.
10. Les sondages d'opinion envahissent quotidiennement nos journaux. On peut les approuver ou les rejeter. On peut y voir un bienfait ou un danger pour la démocratie. Tous les responsables politiques et sociaux sont contraints d'en tenir compte.

11. Compléter les phrases suivantes par l'une ou l'autre de ces expressions : AUSSI, CERTES, C'EST POURQUOI, D'AILLEURS, DU MOINS, EN EFFET, EN FAIT, OR, QUANT À, TOUTEFOIS.

1. La plupart des touristes qui viennent à Paris en voyage organisé ne s'intéressent guère à la province française ; ils n'en ont ...... pas le temps.
2. L'automobiliste a été grièvement blessé. ..., ses jours ne sont pas en danger : ..., il a pu être rapidement secouru.
3. C'est après la Seconde Guerre mondiale que le tourisme commença vraiment à se développer, ... en Occident.
4. Les agriculteurs se plaignent d'être victimes de la sécheresse. ..., nous ne sommes qu'au mois de juin. Qu'en sera-t-il à la fin de l'été ?
5. Le devis des travaux se montait à 30 000 F. Et c'est, ..., la somme que nous avons payée, à quelques dizaines de francs près.
6. Nous devions partir en vacances le 15 juillet. ..., nous n'avons pu nous libérer que le 25 ; ...... avons-nous dû réviser nos projets et écourter le voyage prévu.
7. Il va rarement au théâtre, car la plupart des pièces l'ennuient. ...... le cinéma, il considère que c'est un spectacle artificiel et décevant. ..., il n'y a que la musique et les concerts qui le passionnent.
8. L'intérêt du *Père Goriot*, comme ...... de tous les romans de Balzac, c'est de faire vivre sous nos yeux la société de l'époque.
9. ..., l'avion est plus rapide que le train. Mais est-ce toujours vrai dans un pays comme la France, où les distances sont relativement courtes ?
10. On espérait beaucoup des fouilles entreprises sous le parvis de la cathédrale. ...... il fallut se rendre à l'évidence : le sous-sol ne renfermait que des débris sans valeur. ...... les recherches, fort onéreuses, furent rapidement interrompues.

*12. Compléter les phrases suivantes :

1. L'assemblée devait entériner l'accord conclu par les délégués ; or, (...).
2. Le tir de la fusée est prévu à 2 h 30 heure de Paris, du moins (...).
3. J'ai invité à dîner avec vous d'autres amis, que d'ailleurs (...).
4. Je comprends que vous n'ayez pas eu le temps de rendre visite à Françoise. Mais peut-être (...).
5. Les services de la météorologie avaient heureusement pu avertir la population de la formation du cyclone. Aussi (...).
6. Le T.G.V. en provenance de Montpellier arrive à 19 h 40 : ainsi (...).
7. Les Français sont réputés individualistes. Or, (...).
8. Brest est un port militaire, Dieppe un port de pêche ; quant à (...).
9. Le ministre s'est refusé à faire toute déclaration. Rien, d'ailleurs, (...).
10. Les bruits les plus divers circulent sur le nom du lauréat. En fait, (...).

*13. Compléter les phrases suivantes à l'aide de l'une de ces expressions : AILLEURS, AU MOINS, CERTAINEMENT, CERTES, D'AILLEURS, DE CE FAIT, DU MOINS, EN FAIT, PAR AILLEURS, POUR LE MOINS.

1. Baudelaire est l'un des plus grands poètes français ; il fut, ..., un critique d'art remarquable.
2. Musset fut inhumé au cimetière du Père-Lachaise ; on peut, ..., y voir sa tombe, ombragée par un saule.
3. Chateaubriand vit le jour à Saint-Malo et ne souhaita pas être enterré......

4. Flaubert souffrait de troubles nerveux ; ..., il dut renoncer à vivre à Paris.
5. Stendhal, dont l'œuvre a laissé ses contemporains indifférents, est, ..., un des tout premiers maîtres du roman français.
6. Dans *La Comédie humaine*, Balzac a fait vivre ...... deux mille personnages, sans doute davantage.
7. Les amours de Musset et George Sand furent malheureuses ; ...... ont-elles inspiré les deux écrivains.
8. Si *Le Bateau ivre* de Rimbaud a suscité tant de commentaires, c'est que ce poème est ...... complexe.
9. Victor Hugo a ...... passé dix-huit ans en exil ; sa célébrité n'en a pas pour autant été amoindrie.
10. Lautréamont est ...... un des auteurs dont les surréalistes se réclament le plus.

*14. Construire une phrase correcte avec les éléments indiqués.

Il s'intéresse et étudie avec passion / l'art baroque.
→ *Il s'intéresse à l'art baroque et l'étudie avec passion.*

1. Il ne faut pas leur ordonner mais seulement les inciter / agir.
2. Voici un hôtelier qui sait attirer et retenir / ses clients.
3. L'escroc a su voir et tirer profit / la naïveté de son interlocuteur.
4. Les héros cornéliens acceptent et se conforment / leur devoir.
5. On ne peut à la fois poser et répondre / une question.
6. Il était jaloux mais fasciné / ses rivaux.
7. Parmi la population, les uns subissaient, les autres se révoltaient / la fatalité.
8. Il a toujours salué mais n'a jamais vraiment sympathisé / ses voisins.
9. Il est toujours désireux mais rarement capable / rendre service.
10. Écoute et fie-toi / tes amis.

15. Récrire les phrases suivantes de façon à éviter les répétitions inutiles :

1. J'ai quelques indications à vous donner et j'ai quelques informations à vous demander.
2. Nous sommes opposés à vos solutions ou, du moins, nous ne sommes pas entièrement favorables à vos solutions.
3. J'exige que vous veniez et j'exige que vous arriviez à l'heure.
4. J'attire votre attention sur l'importance de cet exercice et j'attire votre attention sur la difficulté de cet exercice.
5. L'auteur nous révèle ici sa conception du bonheur et il nous révèle les méthodes qu'il applique pour parvenir au bonheur.
6. Le bijoutier nous a montré une broche en or et une broche en argent.
7. Il possède quelques vieux bibelots et il tient beaucoup à ces bibelots.
8. Les deux pays s'emploient à resserrer leurs liens et s'emploient à trouver un compromis.
9. Ce professeur enseigne à des étudiants français et à des étudiants étrangers.
10. Cet employé s'occupe de l'accueil des visiteurs et il s'occupe de la réception des colis.

*16. Est-il possible de relier les éléments suivants sans modification ? Dans la négative, refaire la phrase.

1. Ce vase est trop fragile / pour mettre des fleurs.
2. En gagnant trois courses coup sur coup / il s'est attiré l'estime de tous.

3. On lui a annoncé qu'il était ajourné / sans en être très surpris.
4. En leur manifestant trop souvent notre reconnaissance / nos bienfaiteurs pourraient être agacés.
5. Une fois totalement guéri / son médecin lui a avoué combien il avait été inquiet pour lui.
6. En espérant une réponse favorable de votre part / veuillez agréer, Monsieur, l'expression de mes sentiments distingués.
7. Quoique démodée / elle avait toujours plaisir à porter sa robe longue.
8. Cette abbaye est assez intéressante / pour mériter le détour.
9. Bien que détestant la marche / cette excursion m'a beaucoup plu.
10. Avant de prendre sa retraite / nous avions organisé une petite fête en son honneur.

17. Remplacer les barres par des virgules lorsque cela est possible ou nécessaire :

1. La France / qui est située à l'extrémité de l'Europe / jouit d'un climat tempéré.
2. La réception / tirant à sa fin / nous avons pris congé de nos hôtes.
3. À leur place / je prendrais une décision.
4. Je prendrai une décision / à leur place.
5. L'homme / qui portait une barbiche / s'avança vers nous.
6. J'ai visité l'Espagne, l'Italie, l'Allemagne / et l'Angleterre / et j'ai beaucoup appris.
7. À ce moment / malheureux / le prince fit son entrée.
8. Seule / elle refit le chemin qu'elle avait parcouru la veille avec lui.
9. L'étudiant / qui somnolait / comme chaque jour / n'entendait pas que le professeur l'interrogeait.
10. Comment / parviendrai-je à me justifier / se demanda-t-il.

18. Rétablir la ponctuation qui a été supprimée dans les textes suivants :

A. Paris comme la plupart des grandes cités présente au premier abord des aspects rébarbatifs En effet avant même de connaître la ville le visiteur se sent submergé jamais il ne parviendra à visiter ces musées ces monuments à explorer tous les lieux historiques ou même à respirer l'atmosphère propre à chaque quartier Certains découragés d'emblée murmureront un à quoi bon désenchanté mais profiteront du soleil printanier assis à une agréable terrasse de café D'autres de tempérament plus tenace après avoir dressé l'inventaire des centres d'intérêt consacreront leurs journées à vérifier *de visu* l'exactitude des renseignements fournis par leur guide Ils se montreront surpris lorsque d'authentiques Parisiens leur révéleront sans aucune honte être rarement allés dans tel ou tel arrondissement

B. Comme nous approchions de la ferme nous avons perçu une voix qui appelait Au secours Aidez moi C'est alors que nous avons distingué en contrebas dans le pré un paysan dont la charrette s'était renversée et qui tentait vainement de dégager sa jambe immobilisée Nous arrivons lui ai je crié et nous nous sommes précipités vers lui

C. Le jeune couple ils étaient mariés depuis deux mois à peine avait conçu le projet de faire l'ascension du Mont Blanc Dans un magazine feuilleté par hasard ils avaient lu Ce sommet n'est pas réservé aux alpinistes chevronnés il est accessible à tout bon marcheur pourvu qu'il soit bien entraîné et bien sûr accompagné d'un guide local Ces lignes les avaient décidés Pourquoi attendre Aussi avaient ils consacré leurs premières économies à l'achat d'un équipement adapté

19. Texte : *Étudier l'enchaînement des idées dans le texte suivant en relevant les mots de liaison :*

Ce livre a obtenu le seul genre de succès que l'auteur puisse ambitionner en ce moment de crise et de révolution littéraire : vive opposition d'un côté, et peut-être quelque adhésion, quelque sympathie de l'autre.
Sans doute, on pourrait quelquefois se prendre à regretter ces époques plus recueillies ou plus indifférentes, qui ne soulevaient ni combats ni orages autour du paisible travail du poète, qui l'écoutaient sans l'interrompre et ne mêlaient point de clameurs à son chant. Mais les choses ne vont plus ainsi. Qu'elles soient comme elles sont.
D'ailleurs tous les inconvénients ont leurs avantages. Qui veut la liberté de l'art doit vouloir la liberté de la critique ; et les luttes sont toujours bonnes. *Malo periculosam libertatem.*
L'auteur, selon son habitude, s'abstiendra de répondre ici aux critiques dont son livre a été l'objet. Ce n'est pas que plusieurs de ces critiques ne soient dignes d'attention et de réponse ; mais c'est qu'il a toujours répugné aux plaidoyers et aux apologies. Et puis, confirmer ou réfuter des critiques, c'est la besogne du temps.
Cependant, il regrette que quelques censeurs, de bonne foi d'ailleurs, se soient formé de lui une fausse idée, et se soient mis à le traiter sans plus de façon qu'une hypothèse, le construisant *a priori* comme une abstraction, le refaisant de toutes pièces, de manière que lui, poète, homme de fantaisie et de caprice, mais aussi de conviction et de probité, est devenu sous leur plume un être de raison, d'étrange sorte, qui a dans une main un système pour faire ses livres, et dans l'autre une tactique pour les défendre. Quelques-uns ont été plus loin encore, et, de ses écrits passant à sa personne, l'ont taxé de présomption, d'outrecuidance, d'orgueil [...].
Il ose affirmer que ceux qui le voient ainsi le voient mal.
Quant à lui, il n'a nulle illusion sur lui-même. Il sait fort bien que le peu de bruit qui se fait autour de ses livres, ce ne sont pas ces livres qui le font, mais simplement les hautes questions de langue et de littérature qu'on juge à propos d'agiter à leur sujet. Ce bruit vient du dehors et non du dedans. Ils en sont l'occasion et non la cause. Les personnes que préoccupent ces graves questions d'art et de poésie ont semblé choisir un moment ses ouvrages comme une arène pour y lutter. Mais il n'y a rien là qu'ils doivent à leur mérite propre. Cela ne peut leur donner tout au plus qu'une importance passagère, et encore est-ce beaucoup dire. Le terrain le plus vulgaire gagne un certain lustre à devenir champ de bataille. Austerlitz et Marengo sont de grands noms et de petits villages.

Victor Hugo, *Les Orientales* ; Préface de février 1829.

20. Texte : *Même exercice.*

On lit dans des traités d'ethnologie — et non des moindres — que l'homme doit la connaissance du feu au hasard de la foudre ou d'un incendie de brousse ; que la trouvaille d'un gibier accidentellement rôti dans ces conditions lui a révélé la cuisson des aliments ; que l'invention de la poterie résulte de l'oubli d'une boulette d'argile au voisinage d'un foyer. On dirait que l'homme aurait d'abord vécu dans une sorte d'âge d'or technologique, où les inventions se cueillaient avec la même facilité que les fruits et les fleurs. À l'homme moderne seraient réservées les fatigues du labeur et les illuminations du génie.

Cette vue naïve résulte d'une totale ignorance de la complexité et de la diversité des opérations impliquées dans les techniques les plus élémentaires. Pour fabriquer un outil de pierre taillée efficace, il ne suffit pas de frapper sur un caillou jusqu'à ce qu'il éclate : on s'en est bien aperçu le jour où l'on a essayé de reproduire les principaux types d'outils préhistoriques. Alors — et aussi en observant la même technique chez les indigènes qui la possèdent encore — on a découvert la complication des procédés indispensables et qui vont, quelquefois, jusqu'à la fabrication préliminaire de véritables "appareils à tailler" : marteaux à contrepoids pour contrôler l'impact et sa direction ; dispositifs amortisseurs pour éviter que la vibration ne rompe l'éclat. Il faut aussi un vaste ensemble de notions sur l'origine locale, les procédés d'extraction, la résistance et la structure des matériaux utilisés, un entraînement musculaire approprié, la connaissance des "tours de main", etc. ; en un mot, une véritable "liturgie" correspondant, *mutatis mutandis*, aux divers chapitres de la métallurgie.

De même, des incendies naturels peuvent parfois griller ou rôtir ; mais il est très difficilement concevable (hors le cas des phénomènes volcaniques dont la distribution géographique est restreinte) qu'ils fassent bouillir ou cuire à la vapeur. Or ces méthodes de cuisson ne sont pas moins universelles que les autres. Donc on n'a pas de raison d'exclure l'acte inventif, qui a certainement été requis pour les dernières méthodes, quand on veut expliquer les premières.

La poterie offre un excellent exemple parce qu'une croyance très répandue veut qu'il n'y ait rien de plus simple que de creuser une motte d'argile et la durcir au feu. Qu'on essaye. Il faut d'abord découvrir des argiles propres à la cuisson ; or, si un grand nombre de conditions naturelles sont nécessaires à cet effet, aucune n'est suffisante, car aucune argile non mêlée à un corps inerte, choisi en fonction de ses caractéristiques particulières, ne donnerait après cuisson un récipient utilisable. Il faut élaborer les techniques du modelage qui permettent de réaliser ce tour de force de maintenir en équilibre pendant un temps appréciable, et de modifier en même temps, un corps plastique qui ne "tient" pas ; il faut enfin découvrir le combustible particulier, la forme du foyer, le type de chaleur et la durée de la cuisson, qui permettront de le rendre solide et imperméable, à travers tous les écueils des craquements, effritements et déformations. On pourrait multiplier les exemples.

Toutes ces opérations sont beaucoup trop nombreuses et trop complexes pour que le hasard puisse en rendre compte. Chacune d'elles, prise isolément, ne signifie rien, et c'est leur combinaison imaginée, voulue, cherchée et expérimentée qui seule permet la réussite. Le hasard existe sans doute, mais ne donne par lui-même aucun résultat. Pendant deux mille cinq cents ans environ, le monde occidental a connu l'existence de l'électricité — découverte sans doute par hasard — mais ce hasard devait rester stérile jusqu'aux efforts intentionnels et dirigés par les hypothèses des Ampère et des Faraday. Le hasard n'a pas joué un plus grand rôle dans l'invention de l'arc, du boomerang ou de la sarbacane, dans la naissance de l'agriculture et de l'élevage, que dans la découverte de la pénicilline — dont on sait, au reste, qu'il n'a pas été absent. On doit donc distinguer avec soin la transmission d'une technique d'une génération à une autre, qui se fait toujours avec une aisance relative grâce à l'observation et à l'entraînement quotidien, et la création ou l'amélioration des techniques au sein de chaque génération. Celles-ci supposent toujours la même puissance imaginative et les mêmes efforts acharnés de la part de certains individus, quelle que soit la technique particulière qu'on ait en vue. Les sociétés que nous appelons primitives ne sont pas moins riches en Pasteur et en Palissy que les autres.

Claude Lévi-Strauss, *Race et Histoire* (1952).

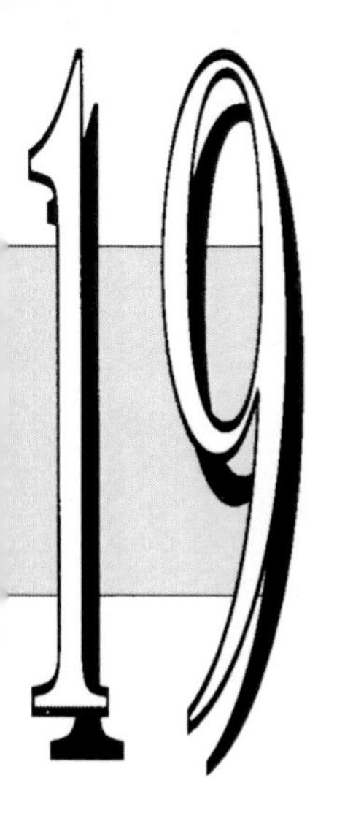

RÉVISION I

Choix du mode et du temps de la subordonnée .... 1 à 4

Choix de la conjonction .... 5 - 6

Exercices de substitution .... 7 à 9

Phrases à compléter .... 10 à 13

1. Mettre le verbe entre parenthèses au mode et au temps qui conviennent (temps, cause, conséquence) :

1. Dès que l'actrice (paraître) sur la scène, des applaudissements éclatèrent.
2. Le froid régnait dans la pièce parce que le feu (s'éteindre).
3. Le brouillard était tellement épais qu'on (distinguer) à peine le sentier.
4. Tant qu'il (suivre) la bonne route, tout alla bien.
5. Du moment que ses amis (ne pas pouvoir) l'accompagner, il renonça à son voyage.
6. Au moment où le train (démarrer), un retardataire bondit sur le marchepied.
7. Tout le monde parlait en même temps, de sorte qu'on (ne plus rien entendre).
8. Chaque fois que le chien (apercevoir) le chat, il se précipitait vers lui.
9. Le calme revint dès que le ministre (démissionner).
10. Ils restèrent à contempler le paysage jusqu'à ce que le soleil (disparaître) à l'horizon.

2. Même exercice (temps, cause, conséquence ou but) :

1. Brusquement, un coup de feu éclata tandis que des hurlements (ameuter) tout le quartier.
2. La neige les surprit bien avant qu'ils ne (franchir) la frontière.
3. Comme les explications de la victime (manquer) de précision, on a dû faire appel aux témoins.
4. Les passagers récupéreront leurs bagages une fois que les douaniers les (contrôler).
5. Il partit en vacances sans donner son adresse de sorte qu'on le (ne point déranger).
6. À peine ils (se mettre) à l'abri qu'un orage d'une violence inouïe s'abattit sur le village.
7. Il est entré dans une telle colère qu'il (faillir) se trouver mal.
8. Aussitôt qu'il (obtenir) son visa, il prépara son départ.
9. L'homme se postera de telle façon qu'il (pouvoir) surveiller l'entrée de la banque.
10. À mesure que l'enfant (grandir), son père formait pour lui de nouveaux projets.

3. Mettre le verbe entre parenthèses au mode et au temps qui conviennent (temps, cause, conséquence, opposition, condition) :

1. La salle de théâtre fut construite de sorte qu'on (voir) la scène de toutes les places.
2. Quelques conseils que vous lui (donner), il se garde bien de les suivre et n'agit qu'à sa guise.

3. On nous fournit tant d'explications que nous en (être) désorientés.
4. Comme la bourrasque (redoubler) de violence, on vit des chapeaux s'envoler.
5. Il était à peine remis de la grippe qu'il (se casser) un bras.
6. Si le spectacle obtient le succès escompté, nous (renouveler) l'expérience.
7. Le voleur s'est faufilé dans la maison sans que personne (s'en rendre compte).
8. Si vous me (écouter), vous n'en seriez pas là.
9. Au cas où vous (rencontrer) Pierre, gardez le secret.
10. Avant qu'il ne (comprendre) ce qui lui (arriver), il était bousculé et dépouillé de son portefeuille.

4. Mettre le verbe entre parenthèses au mode et au temps qui conviennent. Indiquer la nature de la proposition subordonnée :

1. Elle frissonne soudain, non qu'elle (se sentir) malade mais parce qu'une sourde angoisse la (étreindre).
2. Si tu (être) capable de jouer cette partition, c'est que tu as fait de grands progrès.
3. On s'est ingénié à me trouver un professeur qui (pouvoir) me faire comprendre l'algèbre.
4. Approchez, que je vous (entendre) mieux !
5. Il est hors de doute que cette statuette (provenir) d'un sanctuaire chrétien.
6. Le phénomène n'est pas si rare qu'on (devoir) le négliger.
7. Les élus avaient promis qu'on (construire) un nouveau stade.
8. Toutes les précautions ont été prises pour qu'un tel incident (ne pas se reproduire).
9. Depuis qu'on le (surprendre) en flagrant délit, il avait un comportement irréprochable.
10. Il y avait une telle nonchalance dans tout ce qu'il (faire), qu'on (dire) que pour lui le temps (ne pas exister).

5. Trouver la conjonction de subordination qui convient :

1. Il jura de l'aimer ...... il vivrait.
2. ...... le bateau s'éloignait, son cœur se serrait.
3. Le soldat continue à marcher ...... sa jambe le fasse cruellement souffrir.
4. *Le Soulier de satin* est une pièce ...... longue ...... elle est rarement jouée dans son intégralité.
5. On m'a donné ...... de travail ...... je l'aie terminé avant ce soir.
6. Il ne s'était déplacé que ...... on l'y avait contraint.
7. ...... j'avais été à sa place, je n'aurais pas agi autrement.
8. Il faut vous alimenter ...... vous n'avez pas d'appétit.
9. Je vous confie cet appareil ...... vous en preniez soin.
10. Il plaisante sans cesse ...... personne ne le croit plus.

**6. Même exercice :*

1. ...... il avait suivi son traitement à la lettre, il s'en porterait mieux.
2. ...... ses parents eurent le dos tourné et ...... il se sentit en sécurité, l'enfant reprit son manège.
3. Le tribunal a ordonné qu'on sursoie à la vente ...... on se prononce sur la propriété de ces manuscrits.
4. ...... on le ferait chanter, il ne céderait pas.
5. Il s'éloigna, la conscience tranquille, ... rien ne s'était passé.
6. En français, certains adjectifs peuvent changer de sens ...... ils sont placés avant ou après le nom.
7. ...... nous avancions, le paysage se faisait plus désertique.

8. Nos rencontres avec Béatrice se sont espacées : nous la voyons ...... elle a déménagé et ...... elle habite maintenant en grande banlieue.
9. L'affaire sera vite réglée, ... nos adversaires veuillent bien se montrer conciliants.
10. Je pense que nous pouvons leur faire confiance, ... ils ne nous aient rien promis.

7. *Remplacer les expressions en italique par un groupe nominal ou une proposition subordonnée :*

1. Il a été élu *bien qu'il soit très jeune.*
2. L'autocar s'est renversé *parce qu'un essieu s'est rompu.*
3. On ferma les portes de la salle *dès le commencement du concert.*
4. *En cas de suppression d'emplois*, un conflit serait inévitable.
5. La situation de l'entreprise s'améliorera *lorsqu'on aura réduit les frais de gestion.*
6. Les historiens ont pu effectuer leurs recherches *en dépit de la destruction partielle des archives.*
7. Des incidents éclatèrent quelques jours *avant que les combats ne reprennent violemment.*
8. Cet ingénieur a obtenu le poste *parce qu'il connaissait parfaitement l'anglais.*
9. L'automobiliste fut poursuivi en justice *pour insulte à agent.*
10. La vie politique sera ralentie *jusqu'à la nomination d'un nouveau premier ministre.*

8. *Même exercice :*

1. *Bien que le gouvernement soit tombé*, l'opposition n'a pas atténué ses critiques.
2. La guerre s'intensifia *par suite de l'échec des négociations.*
3. De nouvelles élections eurent lieu *après la dissolution de l'Assemblée par le président de la République.*
4. *Jusqu'à ce qu'on ait découvert l'Amérique*, personne n'avait imaginé l'existence d'un autre continent.
5. La manifestation s'est déroulée *quoique le préfet l'ait interdite.*
6. L'accident s'est produit *en raison de la trop grande vitesse du véhicule.*
7. On se demande comment réagirait ce pays *en cas d'invasion.*
8. L'incendie s'est propagé très vite *bien que les pompiers soient intervenus rapidement.*
9. Les Bourbons revinrent en France *dès l'abdication de Napoléon.*
10. *Encore qu'ils aient progressé régulièrement*, les alpinistes n'atteindront pas le sommet avant plusieurs heures.

*9. *Transformer ces phrases en remplaçant la conjonction en italique par une préposition correspondante, suivie d'un groupe infinitif :*

1. Elle s'esquiva *de peur qu*'on ne l'importune.
2. Il hurla *à tel point qu*'il réveilla tout le quartier.
3. Il sortit *sans que* personne le voie.
4. Il réussira *pourvu qu*'on l'aide.
5. Il aurait tout fait *afin qu*'on lui pardonne.
6. Le professeur articulait soigneusement *de façon que* tout le monde le comprenne.

7. *Aussitôt que* Lindbergh eut atterri au Bourget, il fut ovationné par une foule en délire.
8. Le client a *trop* insisté *pour qu'*on lui refuse cette faveur.
9. Il a fallu plus d'un siècle de projets et d'esquisses *pour que* le tunnel sous la Manche devienne réalité.
10. Personne n'imaginait l'ampleur du désastre *avant que* la télévision ne nous en montre les images.

10. Compléter les phrases suivantes :

1. Comment auriez-vous réagi si ...
2. Nous emménagerons une fois que ...
3. J'insisterai sur ce point jusqu'à ce que ...
4. Je vous hébergerai volontiers pourvu que ...
5. Ne le convoquez pas sauf si ...
6. L'alerte fut telle que ...
7. Vous n'obtiendrez le prêt bancaire qu'après que ...
8. On a hospitalisé le malade de peur que ...

11. Même exercice :

1. Il entre dans une colère noire pour peu que ...
2. Il a décliné mon invitation sous prétexte que ...
3. Du moment qu'il me l'a promis, ...
4. Le bijou a été dérobé sans que ...
5. Elle prolongera son séjour sur la Côte d'Azur si ...
6. N'essayez pas de résoudre ce problème, étant donné que ...
7. La représentation aura lieu en plein air à moins que ...
8. Il s'emporte quoi que ...

12. Même exercice :

1. Une grande clameur s'éleva de la foule au moment où ......
2. Du moment que ......, pourquoi tergiverser encore ?
3. Son exaltation retombait à mesure que ......
4. Vous serez récompensé dans la mesure où ......
5. Ils se sont précipités tête baissée dans les vagues bien que ......
6. Le motocycliste a abordé le virage à une allure trop vive, si bien que ......
7. Ce jour-là, la plage était déserte quoique ......
8. Cet homme conserve son sang-froid quoi que ......

13. Même exercice :

1. Remarquons que ......
2. Supposons que ......
3. Admettons que ......
4. Voyons si ......
5. Croyez bien que ......
6. N'insistez pas si ......
7. Sachez que ......
8. Souvenez-vous que ......
9. Dites-vous bien que ......
10. Dites-leur que ......

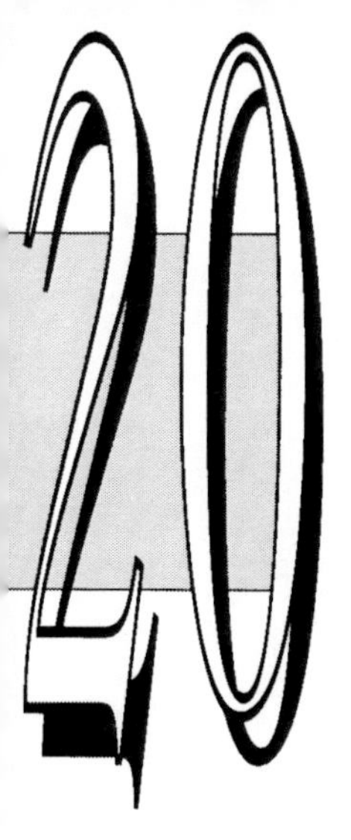

RÉVISION II

Adjectifs possessifs 1

Article, adjectif possessif, pronom personnel 2

POUR 3

COMME 4

SI .... 5 - 6

QUE 7

TANT, TANT QUE, etc. 8

Exercices de rédaction .... 9 - 10

1. Compléter les phrases suivantes par l'adjectif possessif qui convient :

1. On décida que chacun paierait ... part.
2. Dans le doute, chacun d'entre vous pourra procéder à ... propres vérifications.
3. Au moment de ... publication, les *Lettres persanes* furent considérées comme une œuvre subversive.
4. Tous deux avaient résolu la question chacun de ... côté.
5. Comme toute profession, celle des avocats a ... histoire, ... lois et ... traditions.
6. Ils étaient aussi fiers l'un que l'autre de ... succès.
7. Chacun de nous vaquait à ... occupations quand la catastrophe se produisit.
8. On doit faire la déclaration de ... revenus chaque année en février.
9. Tout conducteur arrêté en état d'ivresse se verra retirer ... permis de conduire sur-le-champ.
10. La plupart des banques ont décidé d'abaisser d'un point ... taux d'intérêt.

2. Compléter les phrases suivantes par les mots qui conviennent (article, adjectif possessif, pronom personnel) :

1. En quittant mes amis, je ... ai serré ... main.
2. Nous marchions tranquillement, ... mains dans ... poches.
3. Il avançait péniblement ; le vent ... fouettait ... visage.
4. Je ... suis mis en colère : j'ai perdu ... sang-froid.
5. Ils sont restés discrets : ils ne ... sont pas étendus sur ... difficultés.
6. Tu ... as sauvé ... vie : je te vouerai une reconnaissance éternelle !
7. Je ne sais comment les joindre : j'ai oublié de ... demander ... adresse.
8. Pour que votre fille s'inscrive au cours, il ... suffira de ... présenter au secrétariat.
9. Leur attitude me surprend beaucoup : j'ai hâte de ... entendre ... expliquer.
10. Ils devront nous répondre : il n'est pas de ... intérêt de ... dérober.

3. Étudier la valeur du mot POUR dans les phrases suivantes (but, cause, destination...) :

1. Pourriez-vous me donner un fortifiant pour mon fils ?
2. J'ai téléphoné à un stomatologue pour obtenir un rendez-vous.
3. Informez-moi de tout élément nouveau pour que je sache à quoi m'en tenir.
4. Il suffit qu'on l'appelle pour qu'il fasse la sourde oreille.
5. Votre écriture est trop fine pour que je la lise sans lunettes.
6. À la fin du discours, il n'y eut personne pour applaudir.
7. Elle hésita longuement pour finalement choisir une troisième solution.
8. Je connais bien la Sorbonne pour la fréquenter chaque jour.
9. Pour l'avoir souvent conduite, je peux témoigner de la qualité de cette voiture.
10. Verlaine a été emprisonné pour avoir tiré sur Rimbaud.
11. L'automobiliste a été condamné pour excès de vitesse.
12. Pour ennuyeuse que soit la situation, elle n'est pas dramatique.
13. Ma fille et mon gendre vont s'installer en Australie pour trois ans.
14. Ils partiront pour Sydney le 26 juin.
15. Il a toujours passé pour plus naïf qu'il n'était.
16. À cause de ses cheveux bouclés, j'ai pris votre petit garçon pour une fille.
17. Ce restaurant est réputé pour son canard à l'orange.
18. La papeterie est fermée pour cause de décès.
19. Pour un étranger, vous parlez bien le français !
20. Il est grand pour son âge !

4. Dans les phrases suivantes, préciser la valeur du mot COMME (comparaison, cause, temps...) :

A.
1. Rien n'est beau comme un coucher de soleil.
2. Comme ami, il est irremplaçable.
3. Comme il se faisait tard, tout le monde plia bagage.
4. Comme nous allions sonner à la porte de l'hôtel, un passant nous aborda.
5. Victor Hugo était reconnu par ses pairs comme le chef du mouvement romantique.
6. Vous allez voir comme il va vous répondre !
7. Faible comme il était, on ne pouvait le laisser sortir.
8. Il nous a salués comme si de rien n'était.
9. L'homme était comme transfiguré par la nouvelle.
10. Faites comme il vous plaira...

B.
1. Que prendrez-vous comme digestif ?
2. L'Oise comme la Marne se jettent dans la Seine.
3. Il connaît Paris comme sa poche.
4. Comme c'est gentil à vous d'être venus !
5. Hippocrate a toujours été considéré comme le père de la médecine.
6. Comme son nom l'indique, le Jardin des Plantes était à l'origine un jardin planté d'herbes médicinales.
7. Ils se jetèrent sur le repas comme s'ils avaient jeûné toute une semaine.
8. Tous les convives se levèrent comme pour partir.
9. Comme on manquait d'argent, on manquait de locaux.
10. On manquait de locaux comme on manquait d'argent.

5. *Dans les phrases suivantes, préciser la valeur du mot SI :*

1. Si vous connaissiez la solution, me la diriez-vous ?
2. Si vous connaissiez la solution, pourquoi ne la disiez-vous pas ?
3. Nous ne savons pas encore si nous pourrons donner suite à votre demande.
4. S'il nous a fait faux bond, c'est certainement qu'il y a été contraint.
5. Vous êtes-vous demandé si vous aviez vraiment le champ libre pour agir ?
6. S'il est économe, il n'est pas mesquin.
7. Si elle en avait le loisir, elle se réfugiait aussitôt dans sa maison de campagne.
8. Les agressions ne sont heureusement pas si fréquentes qu'on veut bien le dire.
9. Toute la question est de savoir s'il saurait se mettre à la portée de ses auditeurs.
10. Ah, si j'étais riche !...

6. *Dans les phrases suivantes, préciser la valeur du mot SI :*

1. La vertu n'irait pas si loin si la vanité ne lui tenait compagnie. *(La Rochefoucauld)*
2. Si vous songez à moi, ma pauvre bonne, soyez assurée aussi que je pense continuellement à vous. *(Mme de Sévigné)*
3. Si vous le rencontrez jamais et que son originalité ne vous arrête pas, ou vous mettrez vos doigts dans vos oreilles, ou vous vous enfuirez. *(Diderot)*
4. Si Grandet coupait le pain avec un peu trop de parcimonie, elle ne s'en plaignait pas. *(Honoré de Balzac)*
5. Si elles ne sont pas venues, elles ne viendront pas. *(Honoré de Balzac)*
6. Cette cave était si humide qu'on n'y laissait jamais éteindre la cheminée, même en plein été. *(Victor Hugo)*
7. Il remontait, au hasard, le Quartier latin, si tumultueux d'habitude, mais désert à cette époque, car les étudiants étaient partis dans leurs familles. *(Gustave Flaubert)*
8. Ma tante avait si bien pris l'habitude de cette dérogation hebdomadaire à ses habitudes [...] que s'il lui avait fallu, un samedi, attendre pour déjeuner l'heure habituelle, cela l'eût autant «dérangée» que si elle avait dû, un autre jour, avancer son déjeuner à l'heure du samedi. *(Marcel Proust)*
9. Si beau que soit le toit d'un autre, on aime mieux celui qu'on a aidé soi-même à faire. *(Paul Claudel)*
10. – Nous ne pouvons pas nous quitter comme cela.
    – Si, je t'assure que nous pouvons nous quitter comme cela.
    (Jean Anouilh)

7. *Dans les phrases suivantes, préciser la valeur du mot QUE :*

1. Que ces vains ornements, que ces voiles me pèsent ! *(Racine)*
2. Oh ! là là ! que d'amours splendides j'ai rêvées ! *(Arthur Rimbaud)*
3. – Que vouliez-vous qu'il fît contre trois ?
   – Qu'il mourût,
   Ou qu'un beau désespoir alors le secourût.
   (Corneille)
4. Chemin faisant, je te parlerai de Nice, que tu es un criminel de ne pas connaître. *(Jules Romains)*

5. Le coup passa si près que le chapeau tomba. *(Victor Hugo)*
6. Ce serait une chose plaisante si les malades guérissaient et qu'on m'en vînt remercier. *(Molière)*
7. Je suis constant dans mes goûts. [...] Que je haïsse ou que j'aime, je sais pourquoi. *(Diderot)*
8. Ah ! Qu'on se souvienne de moi. Que l'on pleure, que l'on désespère. Que l'on perpétue ma mémoire dans tous les manuels d'histoire. *(Eugène Ionesco)*
9. Il y avait déjà deux heures que la journée n'avançait plus. *(Albert Camus)*
10. Nathanaël, que chaque attente, en toi, ne soit même pas un désir, mais simplement une disposition à l'accueil. Attends tout ce qui vient à toi ; mais ne désire que ce qui vient à toi. Ne désire que ce que tu as. *(André Gide)*

8. Compléter les phrases suivantes par TANT, TANT QUE, EN TANT QUE, AUTANT ou AUTANT QUE :

1. Il lui aurait été difficile de se disculper, ... les soupçons pesaient sur lui.
2. ...... on ne lui adressait pas la parole, l'homme restait muet.
3. ...... maire de la commune, je vous remercie pour votre généreuse donation.
4. La date d'échéance du contrat, ... je sache, a été fixée au 15 février.
5. Rien ne pouvait ...... lui plaire que votre télégramme.
6. On l'avait ... abusé ...... rien ne l'étonnait plus.
7. ...... vous prévenir tout de suite, je ne suis pas venu vous aider !
8. Il respecte ...... ses amis ...... il méprise ses ennemis.
9. Depuis son accident, il ne montre plus ...... d'enthousiasme.
10. Il n'a pas ...... perdu d'argent ...... il ne puisse plus subvenir à ses besoins !

9. À partir de ces éléments, rédiger, sous forme de texte suivi, une biographie de Molière :

1622. Naissance à Paris (janvier) de Jean-Baptiste Poquelin, fils de Jean Poquelin, tapissier et de Marie Cressé.
1633-1639. Solide instruction classique chez les Jésuites du Collège de Clermont.
1640-1642. Études de droit à Orléans. Obtention de sa licence.
1643. Constitution avec la comédienne Madeleine Béjart d'une troupe : "L'Illustre Théâtre".
1644. Il prend le nom de Molière.
1645-1658. Période mal connue : représentations d'œuvres d'auteurs contemporains à travers la province.
1658. Retour à Paris. Installation dans la Salle du Petit-Bourbon.
1659. Premier succès parisien : *Les Précieuses ridicules.*
1660. Création du personnage de Sganarelle interprété par Molière dans plusieurs de ses pièces.

1661. Installation au Palais-Royal. *L'École des maris* ; *Les Fâcheux* : succès.
1662. Mariage avec Armande Béjart. *L'École des femmes.*
1664. Naissance et mort du premier enfant de Molière. Première représentation publique du *Tartuffe.* Violente réaction des dévots. Interdiction faite par le Roi de donner la pièce en public.
1665. Création de *Dom Juan* : critique des dévots, retrait de la pièce par Molière malgré son succès. Nomination de Molière à la tête de la Troupe du Roi.
1666. Maladie de Molière ; location d'une maison à Auteuil. *Le Misanthrope, Le Médecin malgré lui.*
1668. *Amphitryon, George Dandin, L'Avare.*
1669. *Le Tartuffe* enfin autorisé : immense succès.
1670. *Le Bourgeois gentilhomme*, comédie-ballet écrite en collaboration avec Lully et jouée à Chambord.
1671. Retour à la farce avec *Les Fourberies de Scapin.*
1672. Mort de Madeleine Béjart. Succès des *Femmes savantes.*
1673. *Le Malade imaginaire.* Mort de Molière pris d'un malaise en scène à la quatrième représentation (17 février).

10. À partir de ces éléments, rédiger, sous forme de texte suivi, une biographie de Flaubert :

1821. Naissance de Gustave Flaubert (12 décembre), fils du chirurgien en chef de l'Hôtel-Dieu de Rouen.
1833. Début de ses études secondaires au lycée de Rouen.
1840-1844. Baccalauréat. Études juridiques à Paris. Premiers ennuis de santé.
1846. Décès du père, puis de la sœur de Gustave. Fréquentation de l'atelier de Pradier et rencontre avec Louise Colet.
1847. Première esquisse de *La Tentation de Saint Antoine.* Première idée de *Madame Bovary.*
1850-1851. Voyage en Orient. Retour en juin 1851.
1851-1853. L'écrivain, retiré à Croisset (Normandie), avec sa mère, travaille régulièrement à *Madame Bovary.* Correspondance suivie avec Louise Colet jusqu'en septembre 1853.
1856. Publication de *Madame Bovary* dans la "Revue de Paris".
1857. Procès de *Madame Bovary.* Acquittement de Flaubert. Parution de l'œuvre en un volume.
1858. (avril-juin). Voyage en Tunisie pour préparer *Salammbô.*
1862. Sortie de *Salammbô* en librairie.
1869. Publication de *L'Éducation sentimentale.*
1870. Crises nerveuses graves.
1872. Mort de la mère de l'auteur.
1874. Publication de *La Tentation de Saint-Antoine* (3e version).
1874-1877. Recherche de documentation pour *Trois contes* et pour *Bouvard et Pécuchet.* Déclin rapide de la santé de l'écrivain.
1880. Mort subite de Flaubert à Croisset (18 mai).
1881. Parution de *Bouvard et Pécuchet* (inachevé).
1884-1892. Publication de la *Correspondance.*

Achevé d'imprimé en France par Dupli-Print à Domont (95)
Dépôt légal : juin 2015 – Collection n° 24 – Édition 10
N° d'impression : 2015043780
15/5148/0